小泉保
KOIZUMI Tamotsu

縄文語の発見

青土社

まえがき

　われわれが家系を尋ねるときには、父、祖父、曾祖父という順に過去へと溯っていくのが常道である。しかるに、日本語史や系統論では、なぜか祖父の時代から日本家が始まり、曾祖父は血のつながらない異質不明の人物と思いこんできた。ここで言う祖父は弥生時代の言語を、曾祖父は縄文時代の言語を意味している。つまり、弥生期の言語と縄文期の言語の間に血脈の断絶があったと決めてかかっていた。そうした確証はなにもないのに、断絶の憶説にいまも研究者は縛られているのである。

　そのため、系統論はいきなり日本語の祖先を特定しようとして、日本の北方に南方に親類縁者を探し求めてきたが、結局それらしい相手を見つけることができなかった。言語の血縁関係を認定するのには「規則的音声対応」という判定法がある。この方法により身元の証明ができたのは琉球語のみである。琉球語は間違いなく日本語の分家である。その他の類縁性が想定されている言語については、類似していると思われる語彙や文法特徴をいかほど数えあげてその親族関係を主張し合っても、規則的音声対応が取り出せないかぎり、水掛け論に終始することになるであろう。

日本語の経歴を探究するに当たって、まず曾祖父の言語すなわち縄文時代の言語の解明が大前提をなすと筆者は考えている。弥生（時代の言）語が縄文（時代の言）語を駆逐して、それに入れ替わったとする証拠は何もない。日本語の方言分布を念入りに調べていけば、必ずや縄文語の様相をとらえることができるであろう。たとえば、出雲の方言がなぜ東北弁と同質であるかという問題に納得のいく解説を施すためには、縄文時代の言語情勢を推定し、そこから説き起こす必要がある。

弥生語の一代前の縄文語は、弥生語の特色を説明できるものでなければならないと思う。その特色とは、専門的に言えば方言分布、アクセントの発生、特殊仮名遣いの成立、連濁現象、四つ仮名の問題、などである。こうした問題を解く鍵が縄文語の中に隠されているに相違ないであろう。いままで、これら課題の究明は決して十分であったとはいえない。こうした音声的諸事項の因子をはぐくんだ縄文語の実体を明らかにするのが本書の目的である。

それに戦前戦後をとおして人類学と考古学は驚くべき進展をとげ、一万年に及ぶ縄文時代の輪郭を掘り出してくれている。これに応えて、縄文時代の言語を特徴づけることが国語学、言語学の責務であると考える。

そのためには、日本語の方言形に比較言語学の手法を適用して、その祖形を求めるとともに、方言の分布について地域言語学的考察を加えて、まず縄文晩期の日本語の姿を再構したいと思っている。

また、縄文語の解明は考古学と人類学の実績に裏づけされたものでなければならない。これを無視して、いきなり日本語の元祖の身元を割り出そうとすると、牽強附会にみちた空理空論になるおそれがある。

さらに、日本語の歴史は、縄文語を後期、中期、前期と順次溯ることにより体系づけられるものと信じている。それには、考古学と人類学の縄文時代に関する予備知識が必要となるので、その概略を述べてから、先賢たちの日本語の系統論を紹介し、その後で縄文語へとアプローチすることにしよう。

小泉　保

縄文語の発見

目次

縄文語の発見

中扉図版＝亀ヶ岡遺跡出土の遮光型土偶

第1章　縄文文化

——考古学の立場から

はじめに　縄文土器の発見

日本で、はじめて鉄道が新橋＝横浜間に開通したのは明治五年（一八七二）のことである。お雇い教師として日本へ赴任してきたアメリカ人エドワード・S・モースは、明治一〇年六月一七日夜横浜港について一泊し、翌朝東京へと向かった。車窓から移り行く田園風景を観察していたが、大森駅を発車してほどなく、左手の切り割りに白い貝殻が点々と露出しているのを目撃した。モースの目が光った。

大学へ着任してから、新学期早々の九月一五日日曜日に東京大学理学部動物学生物学の助手と生徒をひきつれて、貝塚へ出向き、線路わきの崖にうもれている貝殻を堀りおこして多くの土器を得た。

これが日本における最初の考古学的発掘である。これらの土器を分類したとき、モースは土器の面についている縄目《なわめ》の紋様に注目し、その共通性に気づいて、これらを縄文土器 (cord marked pottery) と名づけた。縄文土器の発見である。

実際に縄をころがして紋様を刻みつけているが、縄といっても稲の藁《わら》ではなく、麻などをより合わせた紐に近いものである。しかし、モースが縄文土器の最初の発見者というわけではない。すでに元和九年（一六二三）、津軽藩の『永禄日記』に次のような青森県の出土記録がある。

「亀ケ岡と申すべきよし、ここより奇代の瀬戸物ほり出候所なり。その形皆こかめの形にてご座候。」

さらに、滝沢馬琴らの文芸人たちが上野の淡々亭で開催していた耽奇《たんき》会の席上にこの奇代の瀬戸物が提示され話題を呼んだことがある。また、菅江真澄（一七五四―一八二九）は紀行文『外浜奇勝』の中で次のように「亀ヶ岡」は「瓶が岡」だと解している。

「堂の前と呼ぶ所があり、このあたりの土を掘るとむかしの土器のかたちをした器を掘りだすことがある。それでふるく瓶が岡の名があった。」

その後一八八九年以降、三度にわたり東京大学による亀が岡遺跡の調査がおこなわれたが、湿地や泥炭層から多数の完全土器が出土すること事態が研究者にとって不可解な現象であった。

かくて、縄文式土器を製作し使用した文化を縄文時代と総称するようになった。とにかく、土器の出現は、旧人による石器時代の終焉と新人による新しい文化の開幕を告げるもので、文化史的段階の飛躍を象徴している。

土器の発明は生活様式を一変させた。土器は主として煮沸用、すなわち煮炊き用のナベやカマとして使用されたものである。従来は採集した植物を生のままで食べるしか方法がなかったものが、調理することによって食べられなかったものも食べられるようになったのである。獣や魚の肉も焼くだけでなく煮て味わうことも可能となった。また、水で煮ることによってクリやドングリなどの渋を取りのぞくことができる。かくて食生活が一変し栄養の摂取も多様化した。

1　縄文時代

いまから約二万年前はきびしく寒い亜氷期であったが、やがて地球は温暖化にむかい海面の水位が

縄文時代の6時期

縄文時代								弥生時代
10,000	9,000	8,000	7,000	6,000	5,000	4,000	3,000	2,000年前
草創期		早期		前期	中期	後期	晩期	

上がって、一万二千年前四方が海に囲まれた日本列島が形成された。時を同じくして、この島国の中に土器が出現し縄文時代の幕開けとなった。それから約一万年、北は北海道から南は沖縄に及ぶ範囲で縄文土器は多様に進展したが、やがて二千二百年前に始まる新しい土器形式をもつ弥生時代へと引き継がれるに至った。この弥生時代に至るまで、縄文土器が作製使用されていた期間を縄文時代と呼ぶのである。

この縄文時代は、土器の出土する層位や形状の相違から、現在では「草創期→早期→前期→中期→後期→晩期」と上表のような六つの時期に分けられている。

小林達雄氏（『縄文人の世界』一九九六）は、「縄文土器は、世界の土器作りレースでも最も早い時期にスタートを切ったのは間違いないが、それが独自に発明されたものかどうかの断定は留保せざるをえない。広大なユーラシア大陸のどこかに、土器の発明に直接かかわる土器が未発見のまま眠っている可能性を否定することはできない。」と慎重な態度を見せているが、ちなみに西アジアで出土した土器はせいぜい八千年前にしかさかのぼれないし、貯蔵用の深鉢のものが主体をなしている。

2　縄文土器

（a）草創期の土器は、砲弾形をなす円形丸底形式と、口元と底の面が四角な方形平底形式との二種類で、豆粒形や爪形の文様が施されている。

（b）早期では、円形丸底のみとなり、縄文もしくは撚《よ》り糸紋でおおわれている。

（c）前期となると、深鉢の煮炊き機能一点張りではなく盛りつけ用の浅鉢や貯蔵用の壺などの形式も現われてくる。文様も山形、格子目、楕円といった装飾効果をねらった特別なモチーフをもつようになる。

（d）中期には、煮炊きはもとより盛りつけ、貯えという食物関係の用途が定着し、これ以外に乳幼児を埋葬するための甕棺《かめかん》、住居の床に埋けられた埋甕《うめかめ》、炉の中の火鉢のような埋甕、口元が両側にある双口土器がある。さらに、火をともす釣手土器や壺の口元にいくつも小さな穴があけられた有孔鍔付《つばつき》土器がある。これは壺の口に皮を張り太鼓として用いられた可能性がある。また、複雑な火炎土器や渦巻き紋の土器も作製されている。

（e）後期は、中期のありかたを受け継ぎ、香炉形土器などの新種を加えながら、晩期を経て縄文

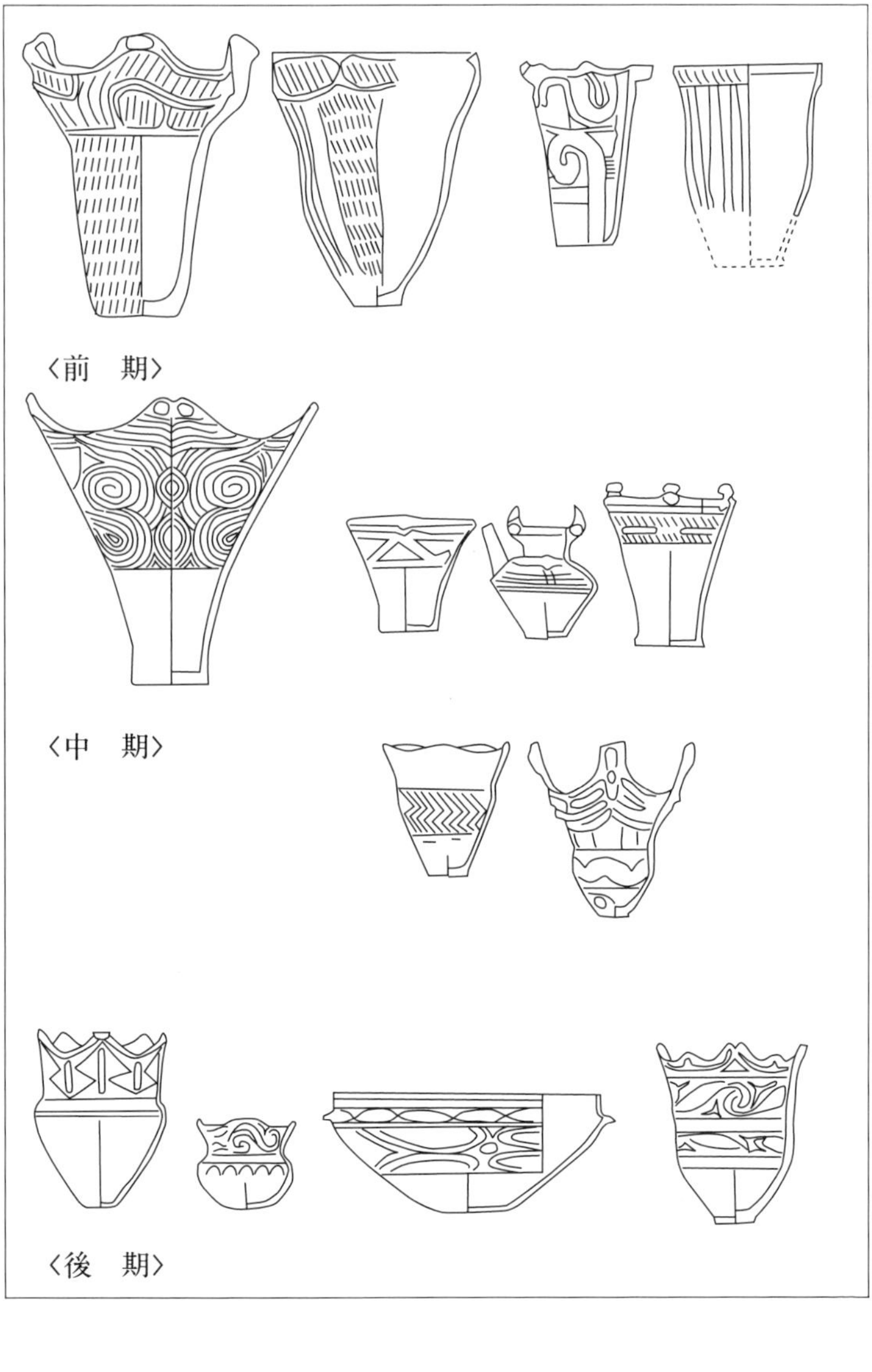
〈前　期〉
〈中　期〉
〈後　期〉

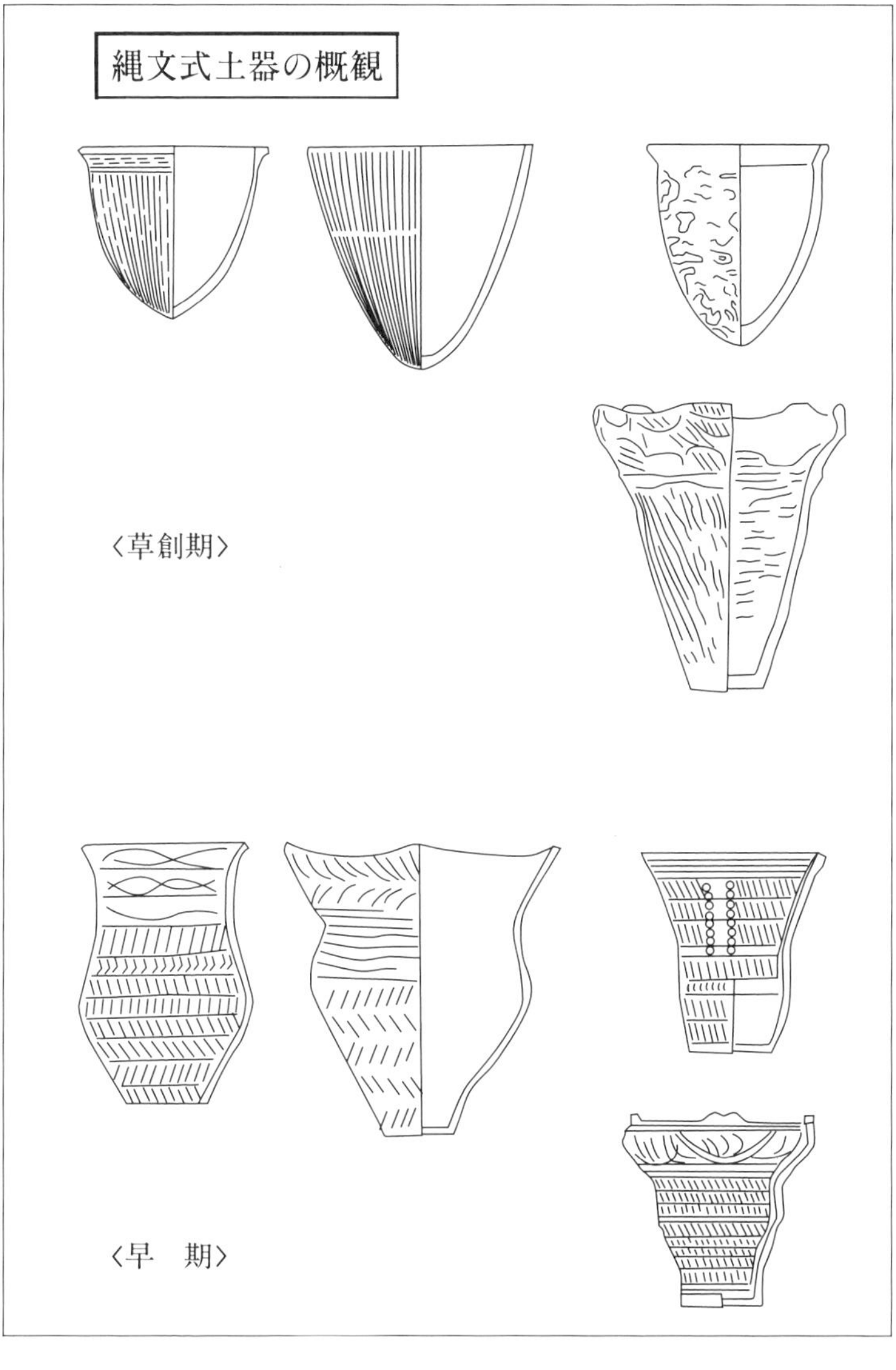
縄文式土器の概観
〈草創期〉
〈早　期〉

土器は完結する。

とくに、縄文土器の発生の鍵をにぎるものとして鹿児島県加世田市の栫《かこい》ノ原遺跡がある。一九九三年の発掘で千点もの隆《りゅうたい》帯文土器が出土した。この遺跡は約一万一千年前に桜島が爆発して噴出したサツマ火山灰に埋もれていたから、土器も当然それ以前のものということになる。

いままで縄文文化の発達はつねに東日本にあったと考えられていた常識がこれによって打ち破られ、南九州でも他をはるかにしのぐ縄文文化が栄えていたと推定しなければならない。しかも、鹿児島県種子島の南種子島町で横峰遺跡が発見されるに及び、草創期の縄文人がはやくも南海へと進出していったことをうかがい知ることができる。

とくに、戦前の貝塚調査や戦後の発掘ブームに乗って、こうした縄文土器の変化発展も明確に段階づけられるようになった。まったくわれわれの足元に何が埋まっているか分かったものではない。

3 縄文人の生活

縄文人は狩猟や採集によって移動の生活をおくっていたという既成の概念を吹きとばしたのは青森県三内《さんない》丸山遺跡の発掘であろう。発掘は一九九二年からはじまったが、大型の掘立柱をもつ建物の遺構とともに巨大な労力を集中して築かれた「盛り土」が発見された。二メートルから三メートルにわたって土が積まれ、土器が積まれ、土偶が積まれ、圧倒的な量の土器が堆積している。三内丸山遺跡には縄文前期から中期、すなわち、いまから五千五百年前から四千年前にわたる千五百年の間連綿として集落の生活が営まれていたのである。しかも、栗の栽培をおこなっていたようである。

また、一九八二年に発見された石川県鳳至郡《ふげしぐん》能都町《のとまち》の真脇《まわき》遺跡からは直径九九センチの巨大な木柱根が掘り出されている。放射性炭素C_{14}にもとづく年代測定によると二、六四五年前となった。さらに、二十三種の異なる形式からなる土器が累積していて、縄文前期の初頭（六千年前）から晩期終末（二千年前）までのおよそ四千年間切れ目なく継続していたと考えられる長期定住型の遺跡が現われている。すなわち、縄文人は獲物を求めて放浪していたのではなく、ある地点に代々住み着いて生活していたと思われる。

4　縄文土器の分布

所かわれば土器もかわる。日本列島では各地域ごとに地方色豊かな土器が作られてきた。概して東日本の土器は表面に入念な文様が施されているのに対し、西日本の土器は装飾にとぼしく簡素な形をしている。まさに縄文時代は七十五種ほどの土器様式が順次出現し展開し、そして消滅していった歴

火炎土器

史である。

これらの土器をその型式と製作技法によって、山内清男氏は早・前・中・後・晩期に整理し、日本列島全体を十以上の地域にわけた土器の編年表（一九六九）を作成している。これで土器型式を用いて体系的に時代の尺度を計る「物差し」が用意されたのである。現在はこの編年を精密化する作業が進められている。

たとえば、青森県の西側にある亀ケ岡遺跡から出土した亀ケ岡土器は縄文晩期を通して、その分布は東北地方全域に及び、北は北海道渡島半島の南半分から南限を関東地方東部にもつ広大な領域で使用されていた。

これに対し、中期の越後縄文人は周辺の土器様式を学びとり創意を燃やして強烈な個性を表出した火炎土器を作りあげた。その異様で華麗な様相は見る者を圧倒せずにはおかない。しかし、その生涯は意外に短く中期の後半に及ぶことはなかった。

小林達雄氏（一九九六）は、こうした「土器様式圏が単なる同じ気風の土器の製作集団という次元を越えて、同じ観念、イデオロギー、ひいてはコスモロジーを共有する集団を意味するもので、そうした集団は一つの部族であったといえるかもしれない。」と述べている。同氏はこうした独特な土器を生み出す地域を「おらがクニ」の「クニ」に相当すると考えた上で、次のようなクニグニの分布図を提示している。

とくに第II地帯と第III地帯との境目が縄文期における東西文化圏の境目と一致していることは注目すべきである。なお、第IV地帯は北琉球地方（沖縄・奄美・トカラ諸島）に相当し、縄文時代全期を通して九州からの土器搬入が目立っているか、独自に縄文前期の爪形文土器を産出している。これに

縄文のクニグニ

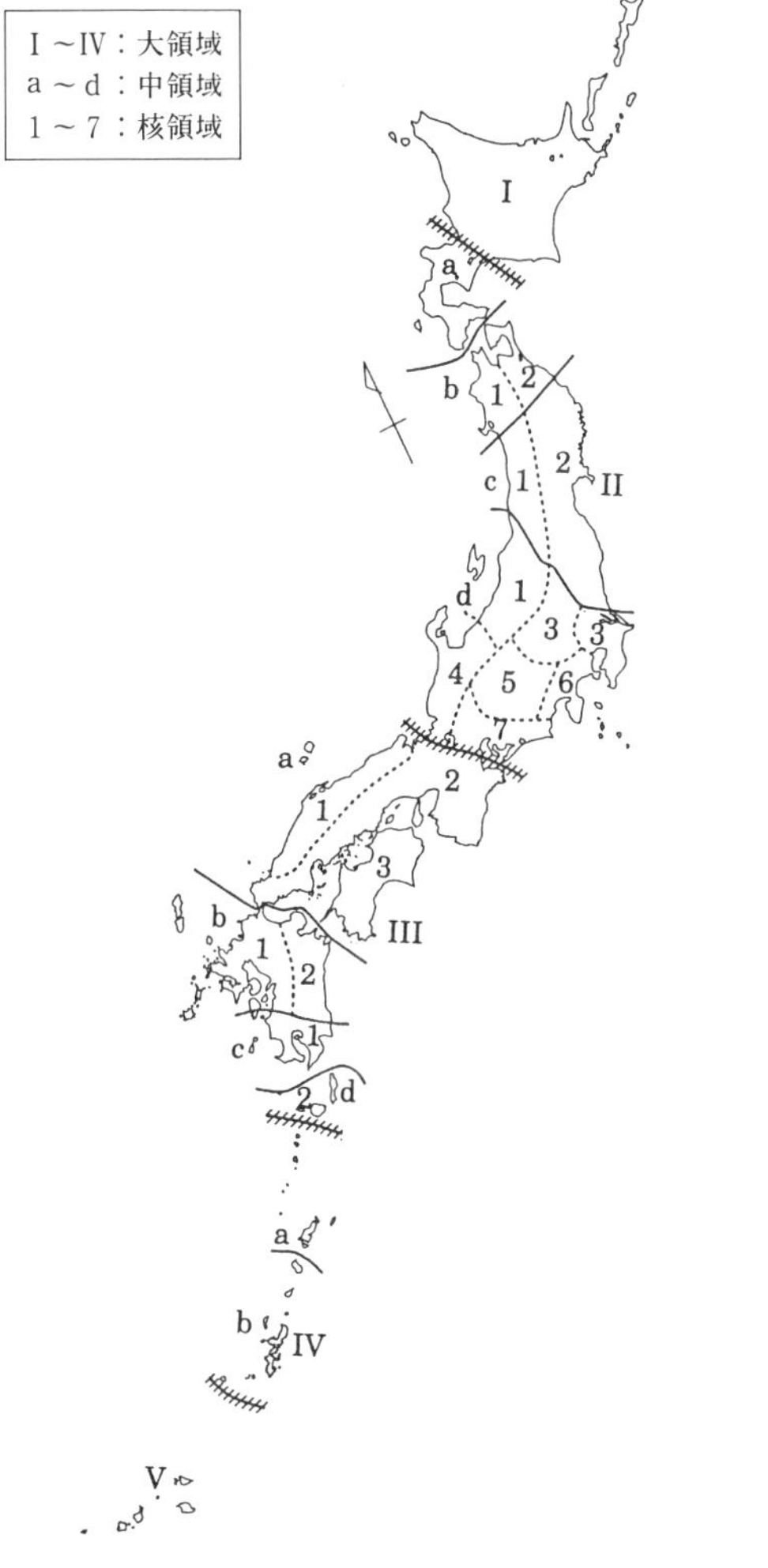

（小林達雄『縄文人の世界』朝日選書557より）

対し第V地帯の南琉球地方（宮古・八重山諸島）はいまだ判然としていない。

これらのクニグニがそれぞれひとつの文化圏を形成していたものと推測できるが、言語における方言圏に対応するかどうかは即断できない。

5 八丈島の土器

伊豆七島（大島・利島・新島・式根島・神津島・三宅島・御蔵島）のさらに南にある八丈島であるが、昔から「鳥もかよわぬ」と言われ、宇喜多秀家をはじめとし多くの流人がながされた絶海の孤島である。

一九六二年に湯浜《ゆはま》遺跡が発見され、無文土器や石器が出土した。さらに一九七七年には倉輪《くらわ》遺跡が掘り出され、縄文時代前期末から中期初頭にわたる土器が現われて話題を呼んだ。

これらの土器を検分すると、関東南部から信州方面に分布圏をもつとされる踊場《おどりば》式を主体としながら、それに劣らず関西系土器の流入の多いことが判明した。ちなみに、大島を含む伊豆七島は南関東に見られる遺跡のあり方とほとんど変わりがない。

とにかく、本土から三〇〇キロも南方にある八丈島へ縄文人がたくましくも縄文の前期に丸木舟をあやつって漕ぎ渡っていったことは驚異である。しかも関西系の土器を搬入していることは関西方面から黒潮にのってはるばる航行してきた縄文人の営為を示唆しているようである。

実は、八丈島の方言は伊豆七島（利島・御蔵島）の方言とはいちじるしく異なっている。動詞の活用を比べてみると、その違いが目立つ。

	連用形	完了形	否定形
利島	カイテ	カイタ	カカン
御蔵島	カイテ	カイタ	カカナイ
八丈島	カッテ	カカラ	カキナカ＞カキンナカ

また、語彙の面でも、「娘」のことを「メナラエ」というが、これは沖縄の「ミヤラビ」と関連ある。このように、土器の多様性は言語の特異性を反映している。

6　ヒスイの流通

文人相馬御風《ぎよふう》（一八八三〜一九五〇）は早稲田大学教授となり、校歌「都の西北」を作詞しているが、一九一六年から故郷の糸魚川に隠退した。御風は『古事記』や『日本書紀』に出てくる「八坂瓊《やさかに》之曲玉《のまがたま》」という宝玉の「瓊」はヒスイのことではないかと考えた。「瓊」は「ニ」または「ヌ」とも読めるので、瓊河姫「ヌナカワヒメ」は「ヒスイの川の姫」を意味するから、糸魚川を流れる姫川でヒスイが見つかるかもしれないと周囲に話していた。一九三九年この着想を耳にした人々が姫川流域を探索したところ緑色の岩石を採集した。河野義礼東北大教授（鉱物学）の鑑定によれば、まさしくヒスイであることが判明した。

しかし、考古学的確認はさらに遅れ、一九五四年から地元の要請に応えて長者ケ原遺跡の発掘が行なわれた。調査の結果、多数の土器・石器や土偶の遺物が出土したが、問題のヒスイについては多くなく、製品としてペンダント二点だけだったが、原石が二二五個も掘り出され、加工の打痕があった。

長者ケ原遺跡から姫川をはさんで六キロの場所に位置する寺地遺跡の発掘は六八年から始められたが、縄文中期中葉から後半の竪穴住居六軒、晩期のものが一軒発見された。いずれもヒスイの工房らしく、内部からヒスイの原石や未製品それに砥石などの工具が出土した。

ヒスイは別名硬玉と呼ばれ硬度七である。これを打ち欠き、磨いて形を整えた上、孔を通すとなると高度な技術が必要となる。長者ケ原や寺地の中期縄文人はヒスイの原石をかき集めてせっせとこれを加工していたのである。しかも大きさが一〇センチを越える大形の硬玉製大珠が目立つ。中期の中部地方を中心に北関東にもやや多く分布しながら、東北地方一円にあまねく波及している。引きつづき後期にも、北海道から九州まで、遺跡ごとに一点もしくは二点出土しているところを見ると、この

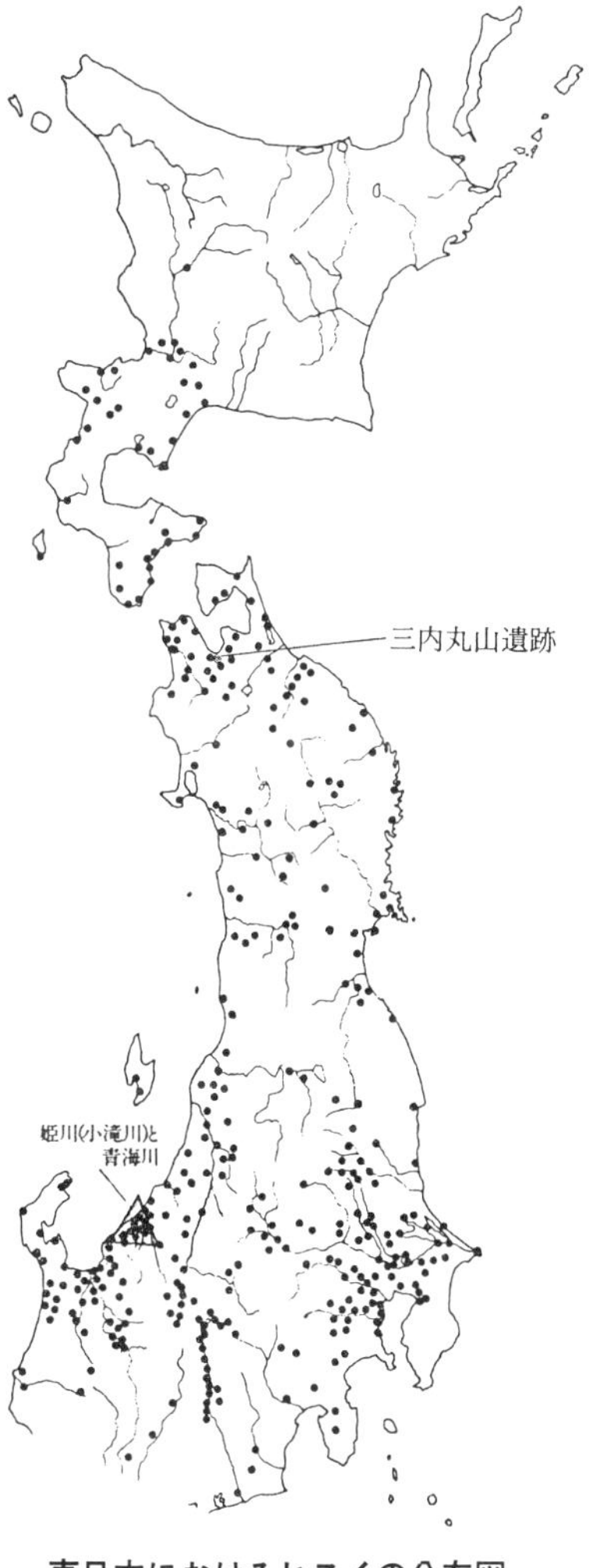

東日本におけるヒスイの分布図

(『アサヒグラフ別冊 戦後50年 古代史発掘総まくり』1996年4月1日号、243頁 中村潤子氏作図、朝日新聞社刊より)

大形の装身具は集団の中でも社会的に認知された者が着用したものと思われる（ヒスイの分布図参照）。

すると、全国的にヒスイの流通網がはりめぐらされていて、糸魚川の縄文人はアダム・スミスのいう分業の形でヒスイの加工に専念していたことになる。

そこで、ヒスイの製作者がその代償として求めていた報酬は何であったか。また、こうしたヒスイの流通を可能にしている伝達手段は何であったか。その間どのような言語によるコミュニケーションが用いられたかということが問題になる。隣接するクニグニとの間で意志伝達が成立してこそ、鎖状に遠隔地までヒスイの請求とその配達を実現することができることになる。

要するに、縄文時代には、すでに前期において日本列島にはひろく縄文人が在住していて、そこで生活を営み、土器の生産に従事し、相互に交流していたという事実がある。ということは、縄文社会全体がかなり均等化していたと考えざるをえない。もちろん、地域差はあったにしろ、もはや異質言語の乱立という事態は想定しにくいと思う。異質言語といえば、アイヌ語がある。異質であるがために、アイヌ人は隔離された状態で縄文土器をもたず、一二世紀に入ってはじめて独自の文化を形成するに至ったのである。

7　土偶の盛衰

縄文時代の遺跡からは、土器とともに大小さまざまな土偶が出土している。亀ケ岡遺跡からは、スキー眼鏡をかけたような目元をした土偶が掘り出された。一見、宇宙人のような容貌で、「遮光型土偶」と呼ばれている。大方の土偶が、ユーモラスでとぼけた顔つきをしている（表紙カバー参照）。小林氏は「土偶は、女性でも男性でもなく、また縄文人が己れの形を写したものでもなく、おそらくは性を超越した存在のイメージ、すなわち何らかの精霊の仮の姿、と見られるのである。」と解釈している。

さて、これら縄文のゴブリン（精霊）たちは全国的にあまねく愛玩崇拝されていたが、後期から晩期ともなると、弥生人が現れそのカミガミの前に屈伏せざるをえなかった。この時期における発掘内容から推して、一時九州で勢力を盛りかえしたが、ここで衰滅すると一気に東へ押しやられ、しばらくは中部地方で抵抗線を敷いたが、これもむなしく総くずれの形で東北の一隅へと追いやられて、そこで弥生末期まで命脈を保っていたようである。弥生人のカミガミが縄文人の信仰の象徴ともいえる土偶たちを駆逐していった足どりは、とりもなおさず弥生文化が縄文文化と交代していった道筋であった。

縄文後期すでに稲作が日本列島を西から北へ向け猛スピードで伝播していったが、これは稲作文化に代表される弥生人が先住の縄文人を支配したことを意味するものではない。稲作技術を縄文人が学びとったからで、そのため米の生産が敏速に日本の僻地まで普及したのである。

柳田国男は「お化け考」の中で、大昔のカミガミたちがお化けの形で夕暮どき姿を現し、人々を驚かしてその存在を印象づけたのであろうと、「お化け」の出現を結論づけているが、大昔のカミガミとは具体的には縄文の土偶のことかもしれない。

いまから一万二千年前、北は北海道から南は沖縄にいたる日本列島の各地において、縄文人は縄文土器の製作に携わってきた。土器の発生、進展、衰退は連続した過程をたどり、途中に断層は見当らない。そして、二千年ほど前に、縄文文化は新興の弥生文化の勢力に押し崩され、吸収されてしまった。言語においては日本の片隅に押しやられてしまったのではないかと考えられる。

第2章 縄文人——人類学の立場から

はじめに　日本人の形質

戦後、人類学も考古学と共にくつわをならべて大きく前進してきた。発掘した遺跡からでてくる土器や住居跡の分析は考古学の縄張りにはいるが、でてくる人骨の研究は人類学の領域にはいる。

いま、人類の誕生から説きはじめる余裕はないが、二足直立歩行の人類ホモ・サピエンスはアフリカに発生したと考えられている。原人たちは一〇〇万年前に「出アフリカ」の行動をおこし、まずアジアへ向けて一群が出発した。おそらく西アジア、南アジアをへて東南アジアへ達したと推測される。

人類学の観点では、一〇万年前より後の人類を「現代人と直接つながる祖先」と見なし、やや古めかしい特徴を残しているグループを「旧人」、現代人にきわめて近いグループを「新人」と呼んで区別している。

1　アジアの人類

さて、アジアに移動してきた原人たちはどこに居を定めていたのであろうか。それは後期更新世《こうしんせい》、つまり最終氷期にあたる約二万年前の寒冷な時期の世界地図を想定する必要がある。当時、陸地に降った雨や雪が凍りついて海へもどらなかったため、海水面は現在よりも一〇〇～一四〇メートルほども下がっていた。その結果、東アジアや東南アジアの大陸棚が干上がって大きな陸塊をなしていたので、黄海、東シナ海、南シナ海などの大部分に水がなく、日本列島は大陸と地続きになっていた。また、東南アジアの島々も大陸の一部をなしていた。

こうした南シナ海を中心とした陸塊を「スンダランド」と古地理学では呼んでいる。これに対し、カンガルーのような有袋類の動物が生息しているオーストラリア、タスマニアとニューギニアは「サフールランド」と称する別な陸塊を構成していた。この陸塊と西の大陸の間は、マカッサル海、モルッカ海、バンダ海という深い海で隔てられていた。

サフールランド：オーストラリアを含む大陸
（マカッサル海、モルッカ海、バンダ海）

スンダランド：南シナ海を中心とする陸塊

これらの陸塊は一万二〇〇〇年ほど前まで存在していた。地球の最終氷期つまり約二万年前の気温は現在よりも年平均で、七〜九度低かったといわれる。たとえば、七度違えば東京が札幌へ、札幌がシベリアへ引っ越したようなもので、その環境への影響は甚大である。年平均気温が一、二度下がっただけでも穀物の収穫は壊滅的な打撃を受けるし、採集狩猟の対象となる植物や動物にも大きな変化がおこる。

こうした寒冷期に原人たちは赤道付近の「楽園」に群がり集まるようになったが、やがて、人口が増加し、食料資源の不足を訴えるに至ったので、広大なスンダランドの旧石器人たちは過剰な人口を調節するため、移動を開始し集団をなして拡散することとなった。埴原和郎氏（一九九六）は次のようなシナリオをまとめている。

「原アジア人は三万年以上前からスンダランドに住んでいたが、人口が増加するにつれて移動し始めた。彼らはまず陸伝いに北へのルートをとり、氷河期が終わるころ（約一万二〇〇〇年前）には長江（揚子江）の北にまで進出しただろう。このような移動の波は日本列島にも及び、彼らの子孫が縄文人となり、ひいては現代の日本人の土台を作ったのだろう。」

こうしたアジア原人の移動を「北上説」と呼んでいる。

2　太平洋とアメリカ大陸の人類

(1)　太平洋民族の拡散

オセアニアの広大な地域に浮かぶ島々は、ポリネシア、ミクロネシア、メラネシアおよびオーストラリア・タスマニアの四地域に大別される。

ポリネシアは西にニュージーランド、東にイースター諸島、北にハワイ諸島を頂点とする、いわゆる「ポリネシア三角」で囲まれた地域を指す。

ミクロネシアは、ポリネシア三角の西に隣接する太平洋の島々で、マリアナ、カロリン、トラック、

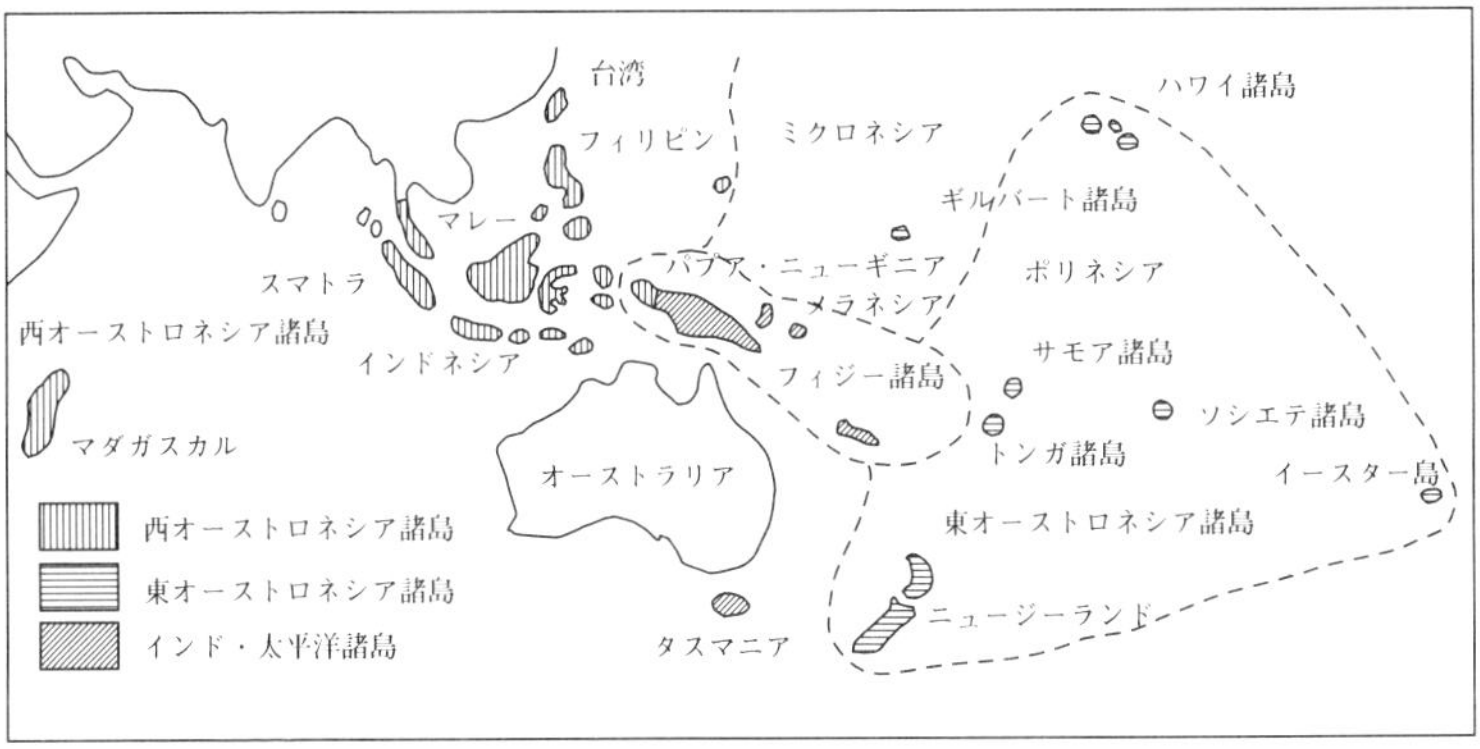

オーストロネシア語族の地理的分布

ギルバート、マーシャル諸島を含んでいる。

メラネシアはポリネシア三角の西、ミクロネシアの南に散在する島々からなり、ニューギニアをはじめビスマーク諸島、ソロモン諸島、ニューヘブリデス諸島などを抱えている。(ギリシア語でポリネシアは「多い島」、ミクロネシアは「小さい島」、メラネシアは「黒い島」を意味している。)

ただし、オーストラリアとタスマニアは別である。こうしたオセアニアの四大地域は、人類学の立場から二つのグループにまとめられる。

(a) ポリネシア・ミクロネシアのグループ

(b) メラネシア・オーストラリアのグループ

これらの相違は、人間の居住開始の時期とそれにともなう集団の特徴や文化の形態に基づいている。たとえば、言語の面では次のような系統の違いとなって映しだされている。

（a'）　オーストロネシア語族
（b'）　オーストラリア・メラネシア語族

さて、氷河時代に西のスンダランド方面から東のサフールランドへ人間が移動したのは、いまから四万年あまり前のこととされている。旧石器時代人といえども、対岸に見える陸地ならば丸木舟や筏を組んで海を渡ることができたと考えられている。とにかく、メラネシア人とオーストラリア先住民（アボリジニ）の祖先たちは、氷河時代にサフールランドに渡り、そこを永住の地に定めたのである。

考古学的見地からすると、ポリネシア、ミクロネシアへの進出の時代はずっと新しく三五〇〇年前ごろで、ポリネシアの東端イースター諸島に達したのがほぼ一五〇〇年前、ハワイへは一四〇〇年前と推定される。そして、ニュージランドへは約一〇〇〇年前に移住している。

ミクロネシアではマリアナ諸島がもっとも古くて約三六〇〇年前、その他の地域へは二〇〇〇年前人間が住みはじめたと考えられる。彼らは二艘のカヌーをつなぎ合わせた安定性と操作性を備えたダブル・カヌーを操り、星の運行に基づく独自の海図をたよりに遠く海の波濤を越えて行き来したのである。

(2) アメリカ大陸への移住

アメリカ先住民の祖先は、一万五〇〇〇年ほど前に、当時陸つづきであったベーリング海峡を渡ってアジアからアメリカ大陸へ進出した。そして、彼らが北アラスカから南アメリカの最南端に達するのにはわずか一〇〇〇年ほどを要したのみであった。その移動距離は実に一万三〇〇〇キロを越えている。

こうした人類がオセアニアやアメリカ大陸に進出した時期をふまえて、東アジアにおける人類移動拡散の行程を眺めてみる必要がある。

3 人種と民族

「われら優秀なるゲルマン」と豪語してユダヤ人の抹殺を企てたヒットラーは、黒みを帯びた髪をしている。金髪碧眼長身というゲルマン人種の基準からすると背丈の低いヒットラーにはコーカサス系人種の血が混じっていたかもしれない。この合い言葉に呼応して、「神州の大和民族」と戦前の国家主義者たちは日本人を自賛していた。

まず、人種と民族は区別されなければならない。埴原氏は次のように人種を定義している。

「一定の地域に住み、何らかの生物学的尺度によって他から区別されるヒトの集団で、動物分類学の亜種に相当する。」

ある人間の集団が一定の地域に長期にわたって居住していると、その集団の成員の間で結婚が繰りかえされるので、共通の遺伝子の組合せをもつようになる。こうして人種というものが形成されていく。

「亜種」は「種」の一つ下の分類単位であるが、生物学的にいうと、種はグループ内での自由な交配が可能で、かつ正常な妊性の子供が産まれる最大の単位である。妊性とは子供を産む能力のことである。たとえば、イヌは異なる種類のイヌとかけ合わせると、雑種犬が産まれる。イヌにはいままで二五〇種以上の品種があるといわれているが、動物学的にはすべて同じ種である。しかし、異種間で雑種を作ると一代かぎりとなる。ウマの雌とロバの雄からラバが生まれるが、子供を産む能力がない。これは種が異なるからである。

人種といってもそれは亜種の違いにすぎないから、異なる人種の間で正常な妊性の混血児つまり合いの子が生まれるのである。要するに、人種は共通の遺伝的特徴によって他と区別される人間の集まりである。

民族の方は共通の文化によって結ばれ、「われわれ意識」をもつ人間のグループであるから、人種と民族とは必ずしも一致しない。たとえば、アメリカ生まれの三世ともなれば、日本人であってもアメリカ民族ということになる。やや極端な言い方をすれば、遺伝子を共有するのが人種であり、文化を共有するのが民族ということとなろう。

4　人種の分派

地球上の人口はいまや六〇億に達しようとしているが、人類はもともと一つの集団から進化したものである。生物進化の決定的要因は環境に適応することである。環境に適応しない生物は絶滅の運命をたどることになる。環境を左右する最大のファクターは気温にほかならない。とくに恒温動物である哺乳類は気候に敏感である。体温などの体内条件を一定に保つ必要から、哺乳動物は気候に対し多様な適応方法を身につけてきた。

哺乳類が気候に適応する手段として三つの有名な法則が知られている。

(1)　グロージャーの法則・低緯度地方の動物は皮膚の色が濃くなり、高緯度地方では淡くなる。

北方に住む動物の皮膚の色は白く、南に来るほど色が濃くなる。北極の白熊と温帯の褐色熊を比べてみればすぐ分かる。これは一般に、低緯度地方では紫外線の照射量が多く、高緯度地方では弱いということに起因する。皮膚の表面下にはメラニン色素の粒が沈着していて、体外から入ってくる紫外線の量を調整している。つまり、メラニンの粒を増したり減らしたりして体内に適当な量の紫外線を取りこんでいるので、メラニンはいわばカメラのフィルターの役割を果たしていることになる。メラニンはもともと黒っぽい色素であるから、その量が増えると皮膚の色が濃くなり、減少すると淡くなる。だから、紫外線の多い南方の人は色が黒く、北方の人は色白である。

また、毛髪の色も黒、茶、ブロンドなどメラニンそのものの色に比較的近いという。では、黄色人種といわれるアジア系集団の皮膚色はどういうことになるであろうか。実は、皮膚の色はメラニンのほかに、脂肪、筋肉、血液などの色により合成されていて、いろいろな波長の混合した色をなしている。また、黒、茶、青、灰色といった眼の色も同じ原理によっているのである。とにかく、皮膚色は紫外線の量によって決められるが、これが長期にわたると自然選択によって遺伝的に固定されるようになる。

(2) ベルクマンの法則：寒冷な地方では体が大きくなり、熱帯地方では小さくなる。

哺乳類は体温を一定に保たなければならない。外界の温度は一日の内でも一〇度以上上下したり、一年では数十度の差を示す地域も少なくない。こうした外界の気温の高低にもかかわらず、同じ体温を維持するためには、体内での複雑な調整機能によるのであるが、体の大小による調節も利用されているのである。

体温を一定に保持することは、体内に蓄積されている熱量と表面から発散する熱量とのバランスを保つことにほかならない。たとえば、球体の場合、その体積は直径の三乗に比例し、表面積は二乗に比例する。つまり、直径が大きくなると体積は急に増大するが、その割りに表面積の増え方は小さい。大きな薬缶いっぱいに入れたお湯は冷えにくいが、小さい容器のお湯はすぐ冷えてしまうことでも理解できよう。

動物も同じ原理に従っているから、身長の伸びるとともに体重は急速に増加するが、体表面積はゆるやかに拡大される。だから、寒い地方では体が大きい方が有利で、暑い地方では小さい方が適応性は高い。南方のマレーグマ、本州のツキノワグマ、アラスカのホッキョクグマと比べれば、南から北へいくに従って図体は大きくなる。ヒトも同じで一般的に、北欧の人は大柄で南欧の人は小柄である。ただし、アジアでも原則は同じだが、やや複雑な事情がある。

⑶　アレンの法則：寒冷地の動物は体の表面の凹凸が少なく、丸みをおびている。

指先や鼻、耳などでは血管が細いから冷えやすい。寒冷地ではこうした体の突出部をなるべく少なくし、丸っこい体型をもつことが有利である。逆に、暑い地帯では体の突出部を増やして体温の発散効果を上げる方が有利である。だから、熱帯に住むキリンの首は長く、ゾウの伸びる鼻や大きな耳も体温の発散に役立っている。

さて、アジア人の皮膚の色と体型について考えてみよう。グロージャーの法則により、北アジアは高緯度の地域だから、北アジア人の皮膚の色も淡いはずである。ところが、ここに住むアジア系集団の皮膚の色はかなり濃く、多くの日本人よりも黒っぽい、つまり黄色っぽい人が多い。

これは緯度の高低というよりも紫外線の照射量と深くかかわっている。冬期の北欧では曇天の日が多く、暗夜が長いので紫外線を浴びる量が少ない。ために、北欧人は色白くブロンドである。だが、北アジアやアラスカでは冬でも好天の日がつづき、雪や氷の反射が強い。したがって、北欧に比べ紫外線の照射量ははるかに強い。よってメラニン顆粒の沈着も多くなる。高冷地に住むチベット人の皮膚の色は濃い。

つぎにベルクマンの法則によれば、北アジア人の体は大きいはずであるのに、北欧人の身長よりそうとう低く、人類として大柄の部類には入らない。

これは体型に関する問題である。われわれアジア人はヨーロッパやアフリカの人々と比べると胴長で手足が短い。この傾向は東南アジアより北アジアの集団においていっそう顕著である。実は、胴が長く、四肢の短い体型は寒冷地向きなのである。手足が短くなると、体表面積が急速に減少し、それだけ放散熱量も少なくてすむ。また、胴が長く、太くなると体積が増し、蓄積熱量が増加することになる。北アジアの集団が胴長で四肢の短いのは寒冷気候にうまく適応した結果である。アフリカの人々は手足が長く胴が短く全体としてやせ型であるのは、まさに熱帯向きの体型といえる。ただ体の大小によるだけでなく、体のプロポーションを変えて体温調節をはかるのもベルクマンの法則に適っていることになる。

体は衣服をまとって寒気から守ることはできても、顔は外気にさらされている。鼻から吸いこんだ空気は鼻腔や副鼻腔で温度の調節がおこなわれる。副鼻腔の主要部は上あごの骨にある空洞でできているので、この空洞を大きくするためには、上あごの骨を横に広げ前へ張り出さざるをえない。そこで、顔が平たくなり、頬骨が張り出ることになる。副鼻腔を大きくしておけば、吸いこまれた冷たい空気を瞬時に暖めて体温に近い温度で肺へ送りこむのに有利である。鼻が低いのも寒冷地向きである。

また、寒気から眼を保護するために、上まぶたが垂れ下っているので、細く一重になって、外気の接触部分を小さくしているのである。

ひげや体毛が寒冷地に適していると考えるのは短絡的で、酷寒の地にあってはひげの濃いことはかえって致命的となる。吐いた息がひげに凍りついてしまうからである。要するに、ひげ、体毛、まつげの少ない方が北アジアに住むのには有利な条件となる。

5　日本人の形質

「日本人とは、先史時代いらい、北海道から沖縄に至る日本列島に居住し遺伝的に断絶することなくつながっている集団を意味する。」と埴原氏は規定している。さらに、

本土人：本州・九州・四国など日本列島の広い地域に住み、いわゆる大和文化を共有する人々の集団

沖縄人：主として琉球列島に住み、琉球文化を共有する人々の集団

アイヌ人：主として北海道に住み、アイヌ文化を共有する人々の集団

という三つの集団から複合された民族が日本人であると述べている。

以下、日本人に関する人類学的研究の成果を早足で追いかけることにしよう。

明治初年に来日した医学の外国人教師フォン・ベルツは日本人を二つのタイプに分けている。

薩摩タイプ：四角または丸顔、大きな二重まぶたの眼、幅のやや広い鼻、厚めの唇とよく発達した耳たぶ、頑丈で背の低い体つき。

長州タイプ：面長で一重まぶたの眼、鼻の幅はやや狭く、薄めの唇、耳たぶは小さく、身長が高くきゃしゃな体つきをしている。

前者は庶民の間によく見かけられ、後者は上流階級に多いと説明している。また、彼はアイヌ人と沖縄人は身体特徴に多くの類似点があると、鋭い観察を発表している。

戦後、数多くの人骨標本に基づいて、鈴木尚氏（解剖学・人類学）は「日本列島では縄文時代いらい、大規模な人種の交代や混血はなく、縄文人そのものが少しずつ進化して現代人に変化した。」という説をたてている。

次に、埴原氏は「アイヌ人も沖縄人も縄文人を祖先とし、その基層的要素に関しては本土人であるといわざるを得ない。」と断じている。埴原氏は次のように、男性頭骨主要計測値の類似度係数（Q相関関数）に基づく樹状図を提示している。

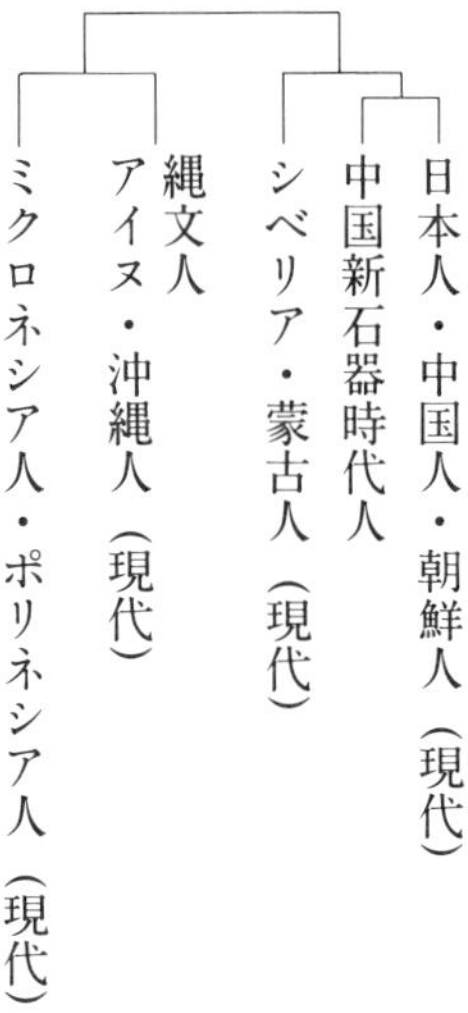

縄文人がアイヌ・沖縄人と同一項にまとめられている。そして、縄文人とミクロネシア人との間に近親性が見られる。ところが、現代日本人はシベリア・蒙古人との関係が濃厚である。これについて埴原氏は次のように解説している。

「全体として、縄文人を含むグループと現代日本人（本土人）を含むグループに大きく分かれている。また、やや細かくみると、縄文人にもっとも近いのはアイヌ・沖縄の集団であり、ついで太平洋民族が近い。一方、現代の本土人に近いのは中国の新石器時代人や北アジアの集団である。」

さて、一方では縄文人と現代人との連続性を認めておきながら、他方には南方アジア系の縄文人と北方アジア系の現代人との間に二元性をたてているという事実がある。この矛盾をどのように説明するかが課題である。

6　縄文人と弥生人

縄文人に及ぶ前に「港川人《みなとかわ》」について触れておく必要がある。一九六八年に沖縄本島の南部、島尻《しまじり》郡具志頭村《ぐしかみそん》で一群の人骨が発見された。これらが港川人と呼ばれる人々で骨の保存状態も良好であった。放射性炭素による年代測定により、およそ一万六〇〇〇年〜一万八〇〇〇年前のものであることが分かった。

頭骨では、脳の収まる脳頭骨の高さが現代人にくらべて低い。そのため額も狭い。したがって、脳容量も小さい。顔は全体として頬が張り四角っぽい輪郭をしている。眼窩《がんか》はやや横に長い矩形をしていて、眉間部の隆起が強い。これは更新世の人類に共通した特徴である。

港川人について、埴原氏は、頭骨の形態が東南アジア系の特徴を示していることから、これらの人骨は縄文人の祖先集団であった可能性が強く、もともと東南アジアを故郷とする集団、またはそれに近い集団と考えてよいと推定している。

(1) 縄文人の特徴

鈴木尚氏（一九六三）の研究を中心にしてまとめると、縄文人の身長は概して低く、一六〇センチ以下である。頭はやや丸みを帯びていて脳頭骨の高さは大きい。要するに、背が低く大頭ということになる。頬骨の左右への張り出しが強くエラが張っている。鼻根部がよく隆起していて、鼻ペチャではない。あごの骨は上下ともに頑丈で、上下の歯の嚙み合わせは毛抜き状に接触する「鉗子《かんし》状咬合」である。

さらに、埴原氏は港川人と縄文人とをつなぎ合わせて、「縄文人は大陸の新石器時代人に比べやや古い特徴を保持していることがわかる。たとえば、身長が低いこと、顔面が四角っぽい—低顔である—こと、鼻の幅が広いこと、眉間の隆起が強いことなどである。したがって、新石器時代には、すでに中国と日本の集団が分離していたと思える。」と述べて、縄文人が大陸の中国集団とは別系統であることを認めている。ついで、次のような仮設をたてている。

「右のような縄文人の古い特徴は東南アジアの旧石器時代人から受けついだと思われるので、彼らは新石器時代より前、つまり旧石器時代に日本列島に移住してきたことになる。」

(2) 弥生人の特徴

弥生時代は、ほぼ紀元前三世紀から後三世紀までの約六〇〇年間にわたって続いたが、弥生人の人骨の研究は、一九五三年、山口県豊浦郡豊北《ほうほく》町の土井ケ浜遺跡での発掘により大きく前進した。二〇〇以上の人骨を調査し、金関丈夫氏と牛島陽一氏らの手によって、次のような結果が明かになった。身長が高く一六二～三センチもあり、面長であること（高顔）、鼻が狭いこと（狭鼻）などである。縄文人の四角で立体的な目鼻立のはっきりした顔に比べ、土井ケ浜人たちはのっぺりした面長で鼻の幅が狭く、おそらく眼は細かったであろう。

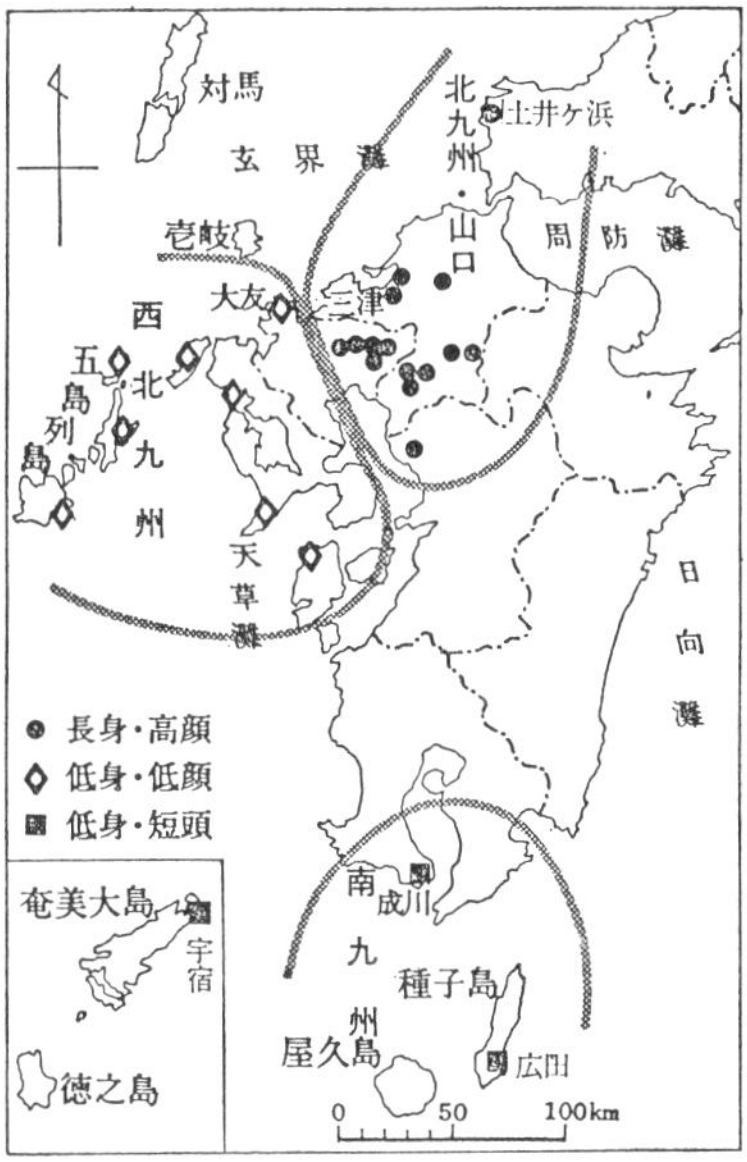

九州・山口地方の弥生人骨出土遺跡

（池田次郎『日本人の起源』講談社現代新書668）

金関氏は次のように主張している。

(a) 土井ケ浜タイプの人骨は、朝鮮半島からの渡来人またはその影響を強く受けた人々である。

(b) ただし、渡来人は数も少ないし、また後続部隊もなかったので、その特異な形質は在来（縄文系）集団に吸収され、ついにその特徴を失うにいたった。
(c)　この特徴は北部九州と山口地方にのみみられる現象で、他の地方にはおよんでいない。
(d)　渡来人は朝鮮半島から渡ってきたが、その起源は中国の中南部にあったと思われる。

その後、北部九州を中心とする地域で多量の渡来系弥生人の骨が発見されるようになった。これらを比較検証することによって、西北九州型は縄文人に近く、北九州型は渡来人の特徴をもつグループであることが判明した。つまり、北部九州という狭い地域で、渡来系と在来系という二つのタイプの弥生人が共存していたことになる。渡来系はコロニーを作り、在来系集団と住み分けていたと思われる。

縄文人と在来弥生人は基本的には同類で、鼻根部がともに隆起しているし、歯ならびは鉗子状咬合をなしている。これに比べ、渡来系弥生人は面長で、上の切歯が前方、下の切歯が後方にきて「鋏《はさみ》状咬合」をなしている。

渡来系弥生人と在来系弥生人について、埴原氏は次のように説明している。

「渡来系弥生人はやはりシベリア地方の集団にもっとも近く、ついで韓国人や中国北部の新石器時代人に近い。これに対し、中国南部の新石器時代人は縄文人や在来弥生人の方に近く、渡来人とはやや遠い関係にある。」

7　人種的二重構造

(1)　渡来系と在来系

日本列島における渡来型と在来型の分布について、埴原氏は次のように説いている。

「現代日本人の頭骨の形を詳しく比較すると、近畿をはじめとする西日本では短頭、高頭、高顔の傾向が強く、東日本では逆になる。簡単にいえば、西日本では東日本に比べて頭が丸く面長の人が多いということになる。したがって、西日本タイプは渡来系（北アジア系）集団に、また東日本タイプは在来系（縄文系）集団に近いといえる。

さらに一般的にいえば、渡来系集団の特徴は北部九州と本州西部に強く、これに対して在来系集団の特徴は北海道、本州の東北・山陰地方、四国および南部九州、奄美・沖縄諸島に残っていることがわかる。」

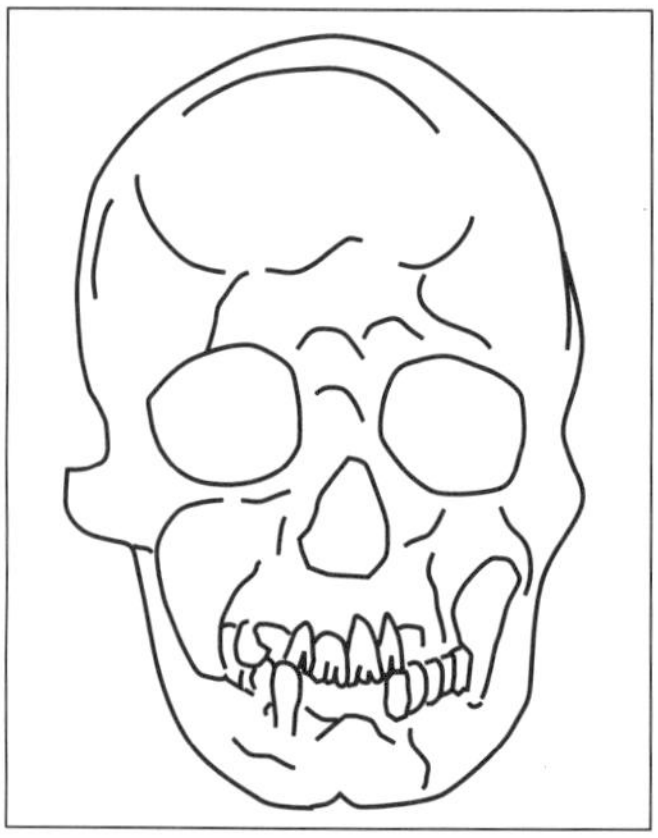

〈縄文人頭骨〉

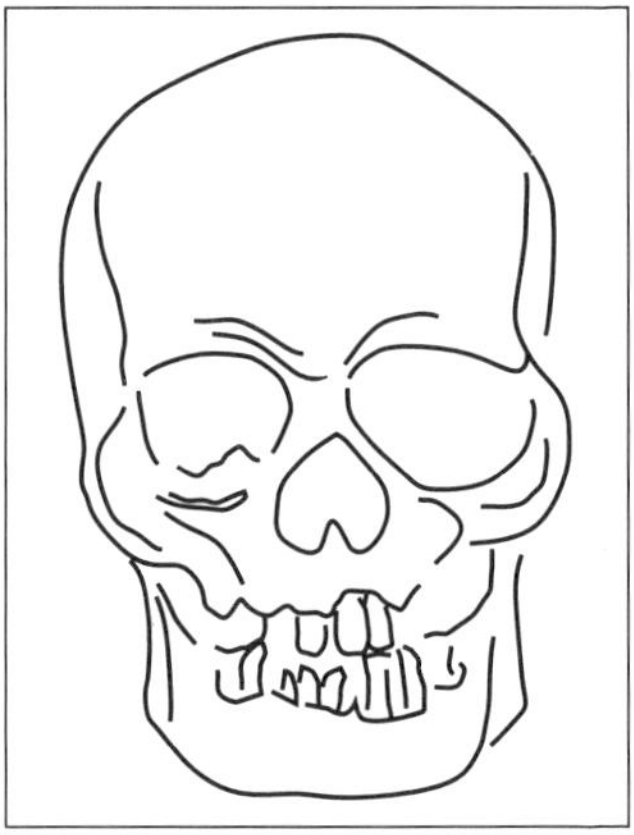

〈在来弥生人頭骨〉

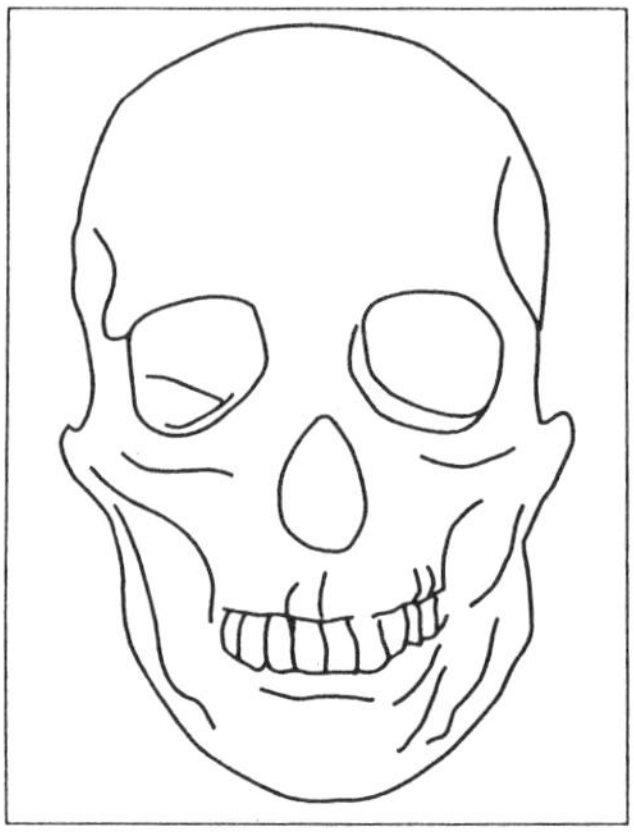

〈渡来弥生人頭骨〉

（埴原和郎『日本人の誕生』吉川弘文館，所収の写真より作図）

要するに、日本列島では一万年の長きにわたり、縄文土器の作製に励んできた在住の縄文人があまねく居住していた所へ、二千年ほど前に渡来人が移入してきて北九州から関西方面へ進出したものと考えられる。上の図表もそうした経過を暗示している。これが日本人の人種的二重構造である。

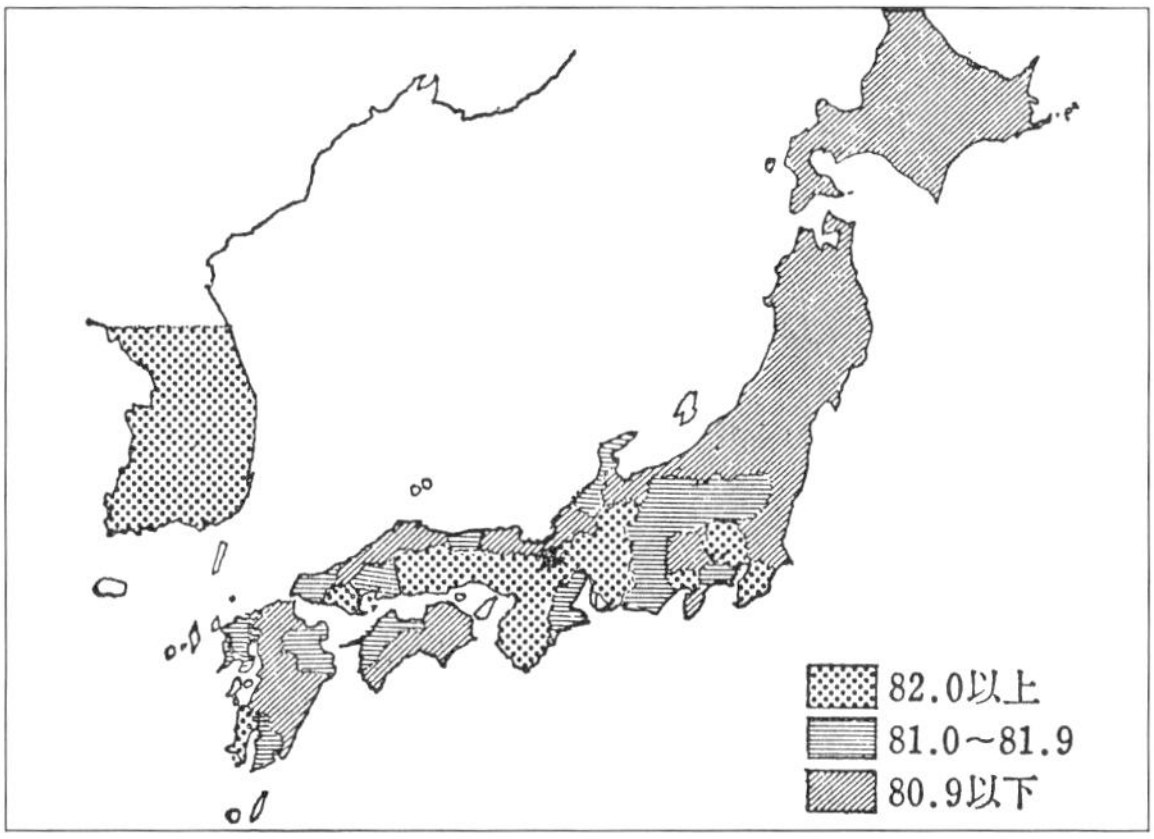

頭長幅指数分布（生体による）——小浜基次による

（樋口隆康『日本人はどこから来たか』講談社現代新書265より）

(2) 南方モンゴロイドと北方モンゴロイド

東アジア全域を見渡せば、こうした人種的二重構造の要因を歯の形態にも求めることもできる。

環太平洋における諸集団の歯については、「スンダ型」と「中国型」に分類される。

スンダ型：歯が全体として比較的小さく、歯冠や歯根の形がやや単純である。

中国型：歯が大きくて頑丈であり、歯冠や歯根の形が複雑になっている。

スンダ型は原アジア型ともいえる特徴をもつ歯で、

現代人の中では、アイヌや沖縄の集団、それに東南アジアと太平洋の集団（メラネシアやオーストラリアを除く）に見られる。

中国型は日本の本土人の大部分のほか、中国、蒙古、東部シベリアおよびアメリカ大陸の集団に広く現われている。

こうし条件をふまえて、埴原氏は次のような石器時代史のシナリオを想定している。

スンダ型の歯は、古くからスンダランドを中心に住んでいた原アジア人の特徴であり、それが少なくとも二万年以上前の旧石器時代に日本列島に渡り、さらに東南アジア一帯から太平洋諸島にも分布するようになった。これに対して、中国型の歯はスンダランドから中国に渡った集団が新たに獲得した特徴で、原アジア人のスンダ型から分化した形態である。

だから、縄文人やアイヌ・沖縄集団の歯はスンダ型を維持し、渡来系集団の影響を強く受けた本土日本人の大部分は中国型の歯をもっている。

スンダランドから二万年以上前に中国大陸へ渡った集団はバイカル湖付近での酷寒を耐えぬいてこれに適合した体質を獲得した。この集団は北方モンゴロイドと呼ばれている。一方スンダランドに停留していたか、もしくはそこから直接北へと向かった集団を南方モンゴロイドと称している。すなわち、渡来系集団は北方モンゴロイド出身であり、日本列島へ早期に移り住んだ集団は南方モンゴロイドに属することになる。

とにかく日本では南モンゴロイド系を基盤とする縄文人の居住地に紀元前三〇〇年ごろ北モンゴロイド系の渡来民が西方から移住してきて、関西地方まで食い込んできたという人類学的事実に対して、どのように対処すべきか言語学の関係者は真剣に熟考しなければならない。

紀元前二〇七年に中国を統一した秦が亡び、漢は紀元前一〇九年に衛氏朝鮮を滅ぼして楽浪郡を置いたが、三一三年に高句麗の攻撃によって滅亡している。こうした朝鮮半島における動乱期にまぎれて北モンゴロイド系の集団が日本列島に渡来してきたのであろう。

渡来系弥生人の骨は北部九州や山口県の西端地域で集中的に発見されているが、中国地方や近畿地方、さらに関東地方においても支配系の特徴をもった人骨が発見されている。とすれば、渡来系弥生人の東方移動は意外に早かったようである。渡来人は青銅や鉄の武器と農具を携えていたから、土着の縄文人を容易に圧倒し支配できたことであろう。加うるに、稲作技術が導入されたので、進出した近畿地方の人口が飛躍的に増加し、ここが日本の中心をなすに至ったのである。

一万年の長きにわたり日本列島全域で縄文文化の花を咲かせた南モンゴロイド系の縄文人は、二千年ほど前に西方から来入してきた北モンゴロイド系の渡来人に列島の中央部を侵略されることとなった。日本列島の言語を探求する者は当然こうした歴史的背景をふまえて考察すべきである。

第3章　日本語系統論

はじめに　日本語の系譜

縄文人と言うけれど、日本にはいまから一五万年昔、すなわち前期旧石器時代から人の気配がしているのである。群馬県桐生の近くの岩宿《いわじゅく》遺跡では、上部ローム層（三万～一万年前）の第一文化層から後期旧石器のナイフが掘り出されたが、さらに下の下部ローム層（一三万～八万年前）の0文化層からも前期旧石器のナイフが出土している。このように、旧石器時代、新石器時代、そして縄文期へと日本の各地にわれわれの祖先が生活を営んできた事実がある。したがって、「日本語の起源」は現代人、新人、旧人、原人と限りなく過去へとさかのぼっていく。日本語の系統を尋ねる場合、この前提を念頭にしっかり据えておく必要がある。

言語は民族のもっとも有力な証拠である。相手の国籍を外見から判断することはできないが、話している言葉により見当がつく。肉体上の特徴ではなく、言語の中に日本人の本質がかくされている。それだけに日本語の系譜が知りたいのである。多くの先覚が日本語の血統を解明しようと努力してきたが、いまだに確証を握るに至っていない。これは、日本語の形成に祖先の長い歴史がかぶさっているからである。だが、いままでに発表された各種の日本語成立の仮説の中にその出生のなぞを解く鍵がかくされているかもしれない。これら諸説を整理した形で紹介することにしよう。

1 言語系統の証明法

一六九一年に日本を訪れたドイツの医師ケンプェル（Kaempfer）はときの将軍徳川綱吉に拝謁したが、帰国後有名な『日本誌』（一七二七）を著した。その中で旧約聖書に記されている「バベルの塔」が崩壊して言語がいくつもに分裂した状態の中で、日本人の祖先はカスピ海に沿って北上し、東シベリアをへて日本列島へやって来たのであろうと述べている。こうした素朴な「言語分裂伝説」は、一九世紀に発達した比較言語学によって打ち消された。

比較言語学における同系の証明法は「音声の対応」に基づくものである。これは『グリム童話』の編者でもあるJ・グリム（Grimm）の音声推移の法則により代表される。いま、ロマンス系のラテン語とゲルマン系の英語の例を引用してみよう。

	ラテン語	英語	
[p：f]	pēs [pe:s]	foot [fut]	「足」
	piscis [piskis]	fish [fiʃ]	「魚」
[t：θ]	trēs [tre:s]	three [θri:]	「三」
	tenius [tenius]	thin [θin]	「薄い」
[k：h]	centum [kentum]	hundred [hʌndrid]	「百」
	cornu [kornu]	horn [hɔ:n]	「角」

右の表で明らかなように、語頭において、ラテン語の無声閉鎖音［p, t, k］が英語の無声摩擦音［f, θ, h］に対応している。

かくて、ラテン語と英語は同じ系統の言語であり、その祖先はインド・ヨーロッパ（印欧）基語にまでさかのぼると推定されている。歴史的にみれば、印欧基語の［p, t, k］がゲルマン語において［f, θ, h］に変化したものである。言語音声は、ある時期ある地域で一斉に変化する特質をもっている。逆に、二つの言語の間に「規則的な音声の対応」が見いだされれば、これらの言語は親子もしくは姉妹の親族関係にあることが認定される。

2 系統論のタイプ

日本語の起源に関して今までにさまざまな試論が発表されてきたが、これらは大きく三つの型にまとめられる。

(1) 同祖論：日本語はあるXという言語とその起源を同じくしている、という見方。

(2) 重層論：日本語はあるXという言語にYという言語が積み重なってできた、とする見方。

なお、重層論には、(a)二つの言語が重なったとする二重層説と(b)三つ以上の言語がつぎつぎにかぶさって形成されたという多重層説とがある。

(3) 国内形成論：縄文時代の言語から原日本語ともいうべき弥生語ができあがったとする説。

まず、同祖論から紹介することにしよう。

(1) 同祖論

それでは、対象となる言語の地理的分布から、同祖論は、北回り：〔琉球↓朝鮮↓モンゴル↓ツングース↓アルタイ〕の路線と、南回り：〔南島諸島↓タミル↓チベット・ビルマ〕という経路で論じることにする。

(A) 北回り

(a) 日本語と琉球語

琉球の言葉について、「その言語日本に似て更に異なり。日をおでたといふ。月をおつきかなしといふ。」と滝沢馬琴は『椿説弓張月』の中で説明しているが、これは『倭漢三才図会』によったものだという。現在沖縄では、太陽はティーダ［ti:da］、月はツィチ［tsitʃi］と呼ばれている。

琉球方言は奄美、沖縄、宮古、八重山の四群島にわたる諸方言の総称で、南北一万三〇〇〇におよび、飛び石状に散在する島々からなり、それらの方言差は著しい。すでに、チェインバレン氏（B. M. Chamberlain, 1895）、ポリバーノフ氏（Polivanof, 1914）、服部四郎氏（1957）らにより、日本語と琉球語の同系論は証明済みというところである。たとえば、奄美の与論島方言（与）と比較してみよう。

「雲」kumo《クモ》：（与）kumu《クム》　「雨」ame《アメ》：（与）ami《アミ》
「骨」hone《ホネ》：（与）puni《ポネ》　「羽」hane《ハネ》：（与）pani《パニ》
「亀」kame《カメ》：（与）hami《ハミ》　「角」kado《カド》：（与）hadu《カドウ》

「雲」「骨」「角」の例から母音［o：u］（オ：ウ）が対応し、「雨」「骨」「羽」「亀」の例から母音［e：i］（エ：イ）が対応することが分かる。また、「骨」「亀」の例から子音［h：p］が対立し、「角」「亀」の例から［ka：ha］と応じることが観察できる。しかも、語中の子音についても、「雲」「雨」「亀」では［-m-］、「羽」「骨」では［-n-］、「角」では［-d-］が共有されている。

規則的音声対応は、このように語の頭位、中位、末位のいずれにおいても音声の一致もしくは対比が成立しなければならない。頭位の音のみを比べる「頭合わせ」は単なる類似の域をでない。

なお、『おもろさうし』に出てくる「テダ」は太陽を意味するが、上村孝二氏（一九六九）はテダがtendau（天道）>tenda>tida と変化したものと説明している。これより先、新村出氏（一九一七）はテダを台湾のアミス語の「チダル」（太陽）と結びつけている。また、沖縄（沖縄方言）では、

「綱」tsuna《ツナ》：(沖) tsina《ツィナ》 のように　[tsu : tsi]　(ツ：ツィ)

「肝」kimo《キモ》：(沖) tʃimu《チム》 のように　[ki : tʃi]　(キ：チ)

と変わるので、「月」tsuki (沖) で tsitʃi (ツィチ) となる。

とにかく、琉球語こそ現代日本語との間に規則的音声対応が見いだされる唯一つの同系言語である。

(b) 日本語と朝鮮語

「三年の春三月に新羅の王《こきし》の天日槍《あめのひほこ》来帰《まうけ》り。」という記事が『日本書紀』垂仁天皇の項にある。「コキシ」は百済語の「コニ・キシ」の短縮形で「大君」を意味する。それにしても、百済（三四六〜六六三）の「コニ・キシ」と和語の「オホ・キミ」とでは語形の違いは大きい。しかし、明治以来日本語と朝鮮語の同系を主張する学究の数は多い。

まず、「日本語と朝鮮語との比較研究」（一八六八、明治三年）が江戸（東京）における英国公使館書記補アストン氏（W. G. Aston）により発表された。その内容は先見に富むものであった。

頭位　[h : p]　「腹」hara：(朝) pè

頭位　[w : p]　「海」wata：(朝) pata

頭位 [k=k] 「笠」kasa：(朝) kas「かんむり」
頭位 [k：h] 「肝」kimo：(朝) him「力」
末位 [m=m] 「島」shima：(朝) syūm
末位 [dzu：l 「水」midzu：(朝) meul

また、代名詞について比べている。

「汝」na：(朝) nu「汝」
「彼」ka：(朝) keu「それ」
「其」so：(朝) chu「あれ」

こうした比較の結果、アストンは「要するに、日・鮮語の親縁関係は印欧語の中の最も関係のうすい二言語と同じ程度の親縁関係にあると思う。」と述べている。

つづいて、東洋史家白鳥庫吉は「日本の古語と朝鮮語との比較」(一八九八、明治三一年)と言う論文の中で二一五例を提示している。

(1)　日本語に母音が付加されるもの
「牛」u-shi：(朝) syo
「味」u-ma：(朝) mat
(2)　頭位　h：p　「火」hi：(朝) pul
「星」hosi：(朝) pyöl
(3)　頭位　sh：s　「酒」shiru：(朝) sul
「白」shiro：(朝) sai
(4)　末位　r：i　「瓜」uri：(朝) oi
(5)　末位　m：p　「沼」numa：(朝) neup

この大部分は言語学者たちも「必ず認むる所ならん」と自信のほどを示している。

次に、朝鮮語学者金沢庄三郎は『日韓両国語同系論』(一九一〇、明治四三年）の中で、「韓国の言語は、わが大日本帝国の言語と同一系統に属するものにして、わが国語の一分派たるに過ぎざること、あたかも琉球方言のわが国語におけると同様の関係にあるものとす。」と書きだし、一五四例を掲げている。しかし、規則的音声対応という基準から見て、疑問視される語例が含まれている。

「褄」tsuma：(朝) cchima「裙」
「爪」tsume：(朝) thop
「積」tsum-u：(朝) tam「盛」
「唾」tsuba：(朝) cchum

日本語の「ツ」が朝語で四通りに対比し、韓語末部の -m が日本語では -ma と -ba に分かれている。

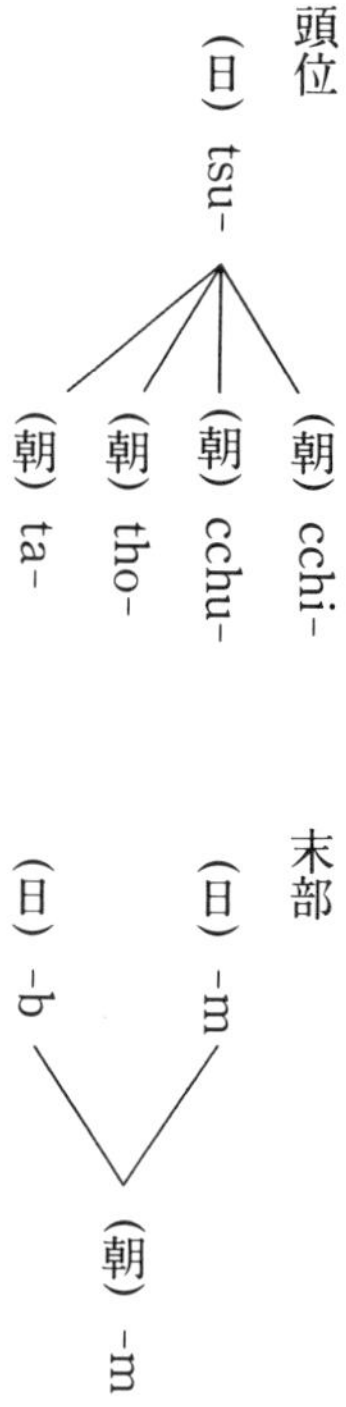

この点について、すでに服部四郎氏は『日本語の系統』の中で、日本語の「ツ」が朝鮮語でいろいろに対応するらしく見えるが、どういう原因によるのか説明されなければならない、と批判している。
沖縄方言と本土語における対比において、

(本)「雲」kumo：(沖) kumu

(本)「肝」kimo：(沖) tʃimu

語頭音に次のような複合対応が見られる。

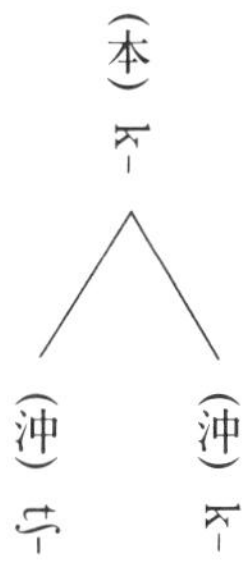

これは沖縄方言では、「キ」[ki]>「チ」[tʃi] のように、軟口蓋の [k] 音が母音 [i] の前で破擦化して [tʃ] の音に変化した結果である。

二つの言語の間に一音対多音もしくは多音対多音のような「複合対応」があれば、その理由を解明するのが比較言語学の責務である。複合対応について納得のいく説明がなされない限り、規則的音声対応と認めるわけにはいかない。この点を未解決のまま提示された複合対応は、たんなる類似にすぎない。世界の言語間には偶然の類似もまた多く存在する。いかに多数の複合対応を集めても表面的に似ているとしか言えない。複合対応が説明されないままでは、二言語間の系統を証明したことにはならない。

大野晋氏（一九五七）はアストン、金沢の路線を継承し、これらを補強しようとしている。

(1) a：a の対立　「矢」sati：（朝）sat
(2) a：ə の対立　「蜂」fati：（朝）pəl
(3) o：a の対立　「閉」todu：（朝）tat

ここにも母音の複合対応が見られるが、どうして母音が分裂したのか、その条件は不明である。

（日）-a- ─ (1)（朝）-a-
　　　　 └ (2)（朝）-ə-

(1)（日）-a- ─┐
(3)（日）-o- ─┴ （朝）-a-

さらに、末位の子音にも一対二の複合対応が生じているが、理由は述べられていない。

(日) -ti ＜ (1) (朝) -t / (2) (朝) -l

(1) (日) -ti / (3) (日) -du ＞ (朝) -t

金思燁氏は『古代朝鮮語と日本語』（一九八一）の中で、朝鮮語の歴史を説きながら、日本語と類似した語彙と語法について例示している。

ヤマタノオロチの人身御供となった「櫛名田比売」(kusinatafime) の女神名を、次のように分析できるとしている。

(日) kusi：(朝) kut「堅、剛」

(日) nata：(朝) nat「鎌」

したがって、「堅剛鎌大女」すなわち「堅い丈夫な鎌」が神格化したものと考えているが、むしろ「櫛名田」は「奇稲田」すなわち、「不思議なほど稲の実る田」と解する方が分かりやすい。とにかく神名はなんとでも解釈できるから警戒を要する。

別に、李基文氏（一九七二）は日本語と高句麗語（高）の比較をこころみている。

「五」itu：(高) uč

実は、白鳥庫吉氏は「日本語の系統——特に数詞について」(一九三六)において、日本語の数詞(1)(2)、(3)(6)、(4)(8)、(5)(10)に共通の子音が使われているとして加倍法を認め、次のような語源解釈を施している。

(1) pito　(3) mi　(4) yo　(5) itu

(2) puta　(6) mu　(8) ya　(10) to-wo

(7) na-na>ナベ・ナシ「(指を)のべない」

(9) koko-no>コゴメ・ナシ「(指を)かがめない」

白鳥氏は数詞について、日本語と他の言語との関係を否定している。

アメリカの朝鮮語学者マーチン(S. E. Martin)氏は(一九六六)、朝鮮語の側から日本語の類似例三二〇を求め、両言語の再構成を手がけている。

(朝) mul、(中期朝) mil : (日) midu「水」 ＜基語形 *myaldu

すなわち、両言語で食い違っている末位音の -l と -d- を組み合わせて *-ld- という子音結合を想定している。こうした子音は朝鮮語と日本語の末位音の相違を説明するのには便利であるが、日本語の語構成にはなじまない。

こうした再構法を利用して、長田夏樹氏（一九七九）も、農耕文化が朝鮮経由で弥生時代初期に日本へ導入されたと推測し、農耕関係の語彙を対比させている。

「米」 yöne : (朝) psar ＜基語形 *g^{w}oŋ^{w}o

「大豆」mame : (朝) khon ＜基語形 *ŋ^{w}aŋ^{w}a

「大豆」の例では、(日) の ma- と -me、(朝) の kho- と -n の四音がどのようにして推定音 ŋ^{w}a から派生したのか理解に苦しむ。また、「米」の「ヨ」ŋ^{w}o は、朝鮮語 psar のどの部分に相当するのであろうか。果たして、*g^w や *ŋ^w のような複雑な音が日本語と朝鮮語が分裂する以前に存在したかどうか疑わしい。(ここで用いられている＊印は、比較言語学において再編された推定形であって、実際にこういう語形であったということを意味するものではない。)

そもそも再構形は音声対応に基づいて設定されるもので、たとえば、サンスクリット（サ）gharma-「灼熱」と英語 warm「暖かい」から印欧基語の語形として、$*g^{w}hormos$「熱い」が再構されるが、これは、（サ）gh- と英語の w- が対応するからで、$*g^{w}h$- の w- 要素が英語では w- 音に変わり、これを含まない gh- 音がサンスクリット語に残っていると説明されている。

印欧基語　$*g^{w}h$-
　　（サンスクリット）gh-（gharma-）
　　（英語）w-（warm）

したがって、マーチン氏の再構形も長田氏の再構形も、ともに比較言語学的な根拠をもたない。

(c)　日本語とモンゴル語

「日本語は現在までのところ琉球語以外にその同族関係が証明されていない。その孤立した言語の日本語に、モンゴル系の言語がかつてその仲間であった時代があったのではないか」という課題を小沢重男氏（一九七九）は追い続けてきた。（蒙）はモンゴル系に属する蒙古語の意。

（日）kuti～kutu「口」:（蒙）qusiyu＜*kuči-qu＜*kuti-qu「くちばし、鼻面、口先」

右の例において、(日)の kuti と(蒙)の qusi- を導くために、*kuči- という推定形を挿入している。こうした推定形を介在させれば、かなり無理な対応例まで説明が可能になる。まず、さきに推定形の必然性を証明しておく必要があろう。

(日) miti「道」:(蒙) mör

(日) miti「満ち」:(蒙) bütü ~ bitü

日本語の一音がモンゴル語では多様に変わっている。これによる次のような複合対応に関して何も論拠が示されていない。

頭位の(日) m- ⟨ (蒙) m- / (蒙) b-

母音(日) -i- ⟨ (蒙) -ö- / (蒙) -ü- / (蒙) -i-

(d) 日本語とツングース語

ツングース族は東シベリア一帯に住んでいて、その居住地は西はエニセイ川から東はカムチャツカ、カラフトに至り、南は満州（中国の東北部）、外蒙古の北部、さらに新疆の一部という広大な地域にわたっているが、言語人口は五万程度と見られている。ツングース語はエウェンキ語、オロッコ語など数多くの言語から成り、満州語もこれに入る。

福田昆之氏は『日本アルタイ比較文法序説』（一九八二）の中で、「水」を満州文語の bisan「洪水」と結びつけている。

（満）*bisan＞*mita＞（日）midu「水」

右のような派生過程を想定し、その中間段階の *mita は（日）「涙」na-mita の中に含まれていると解説している。

また、（満）örgen「広大な」＞*ürgü＞*ubi＞（日）umi「海」という変化のプロセスを提示しているが、語中の -rg- がどうして -b- に変わったのか見当がつかない。それに、音と意味のズレも気になる。

池上二良氏（一九八五）はツングース語と日本語の間に音韻法則を立てるための確実で豊富な対応

語例が見つからないことを認めた上で、「音韻法則に基づいて承認されない限りは、二言語間の単語の比較というものは、単に一つの試みであり、一つの仮説にすぎない」と明言している。

(e) **日本語とアルタイ語**

モンゴル語は中央アジアのチュルク諸語および東シベリアのツングース諸語とともにアルタイ語族を形成するという見方がある。これが言語学史上有名な「アルタイ語説」である。

藤岡勝二氏は明治四一年（一九〇三）「日本語の位置」と題し、学士会館で講演しているが、日本語とウラル・アルタイ諸語と通有する類型的特徴を一四項目にまとめている。ウラル語はウラル山脈の西側で話されているフィンランド語とハンガリー語に代表される語族である。

以下、主としてトルコ語（ト）の例を用い、整理した形で略述しておく。

ウラル・アルタイ語と日本語が共有する特徴

［A］ 音声的特徴

(1) 語頭に重子音がこない。（英語では strip「剥ぐ」のように三子音が連結できる。）

(2) 語頭にr音がこない。（「ロシア」は以前「オロシャ」と呼ばれていた。）

(3) 母音調和と呼ばれる語を構成する母音についての制約がある。（ト）okul-dan「学校カラ」、köpek-ten「犬カラ」のように、前にたつ母音が〈o〉のような後舌ならば -dan、〈ö〉の

ような前舌ならば -den という語尾を用いる。

［B］ 形態的特徴

(4) 文法上の性がない。（ドイツ語には、女性名詞 die Sonne「太陽」、男性名詞 der Mond「月」のような文法性の別がある。）

(5) 動詞変化では、語幹に接尾要素が付加される。（ト）oku-t-ul-du「ヨマ・サセ・ラレ・タ」）

(6) 動詞語尾の種類が多い。

(7) 代名詞の変化では助詞が付着する。（ト）bun-dan「コレ・カラ」）

［C］ 統語的特徴

(8) 冠詞を用いない。（英語には、the book「その本」のように定冠詞 the がある。）

(9) 後置詞を用いる。（ト）kalem ile「ペン・デ」）

(10) 所有は have「～をもつ」ではなく、「～がある」と表現される。（ト）on-un kitap var.「彼ノ（モノ）・本ガ・アル」）

(11) 形容詞の比較は奪格「～ヨリ」の形を用いる。（ト）dağ-dan yuksek「山ヨリ・高イ」）

(12) 疑問文では文末に疑問の助詞がくる。（ト）okudu mu「読ンダ・カ」）

(13) 接続詞を用いることが少ない。

⒁ 修飾語が被修飾語の前にくる。（（ト）güzel kız「美シイ・娘」）、目的語は動詞の前にくる。（（ト）kitap okudu「本ヲ・読ンダ」）

こうした論拠は、新村出氏「国語系統の問題」（一九一一）にも受け継がれ、「日本語はウラル・アルタイ語に縁を引くが、その関係は甚だ疎遠である」との結論を出している。また、金田一京助氏は『国語史系統編』（一九三八）の中で、次のような系統図を想定し、解説を加えている。

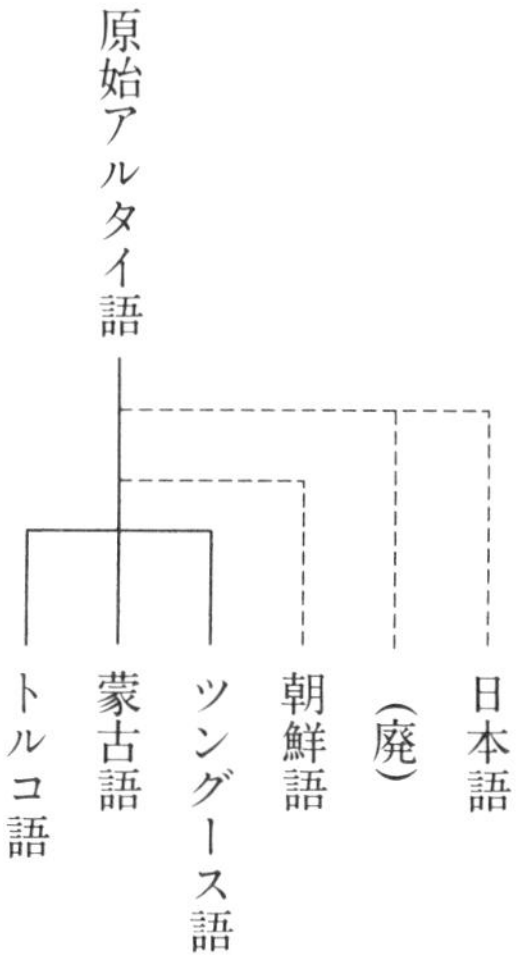

「此等は凡て、吾々の遠祖が大陸を去ってこの東海の離れ島に来てから、如何に遙かな、如何に悠久な歳月が経過してゐたかを思はしめるものであると共に、而も斯様に全く東海に孤立してしまった所以のものは、恐らく朝鮮半島に於て、或は任那とか、或は新羅とか、さういふ歴史に名を伝へてゐる

もの、或は歴史にも見えないもののうちに、現在の朝鮮語より遥かに日本語に近いもの（廃）が、かつて必ずあつたのではないか、それが偶々半島の激しい治乱興亡のうちに時劫の浪の底深く覆没してしまつた結果、この様に我等を大陸へ結付る連鎖を永く失せてしまつたのであろう。」

このように、日本語をウラル・アルタイ語の一員として位置づけているため、この見解が定説のように受けとめられるようになった。

さらに、金田一氏は、「文法がほぼ一致する上に、音韻組織にも重要な共通点があるとすれば、この上は、語彙の確実な一致さへ見出されるならば、国語はアルタイ語族に属することが実証されるわけである」という結論をだしている。ところが、かんじんな語彙の確実な一致が見いだされないのである。

その上、現在ウラル語族とアルタイ語族を一まとめにする見方は保留されているし、アルタイ語族自体の成立も疑問視されている状況にある。

いままで、フィンランドのラムステット（G. J. Ramstedt）氏やロシア出身のポッペ（N. Poppe）氏はアルタイ言語学を構築しようと努力してきた。たとえば、ポッペ氏（一九六〇）は「石」について、次のような対比から再構形 *tal² を推定している。

(モンゴル語)［チラグン］čilaγun＜*tīla-gūn
(チュルク系チュワッシュ語)［チュル］čul＜*tⁱal—*tāl^2
(朝鮮語)［トル］tol

実は、トルコ語では「石」が［ターシュ］tāš となるため、語末で -š に変わるものを *-l^2 という形で表わしているのである。

こうした比較例を参照して、アメリカのアルタイ学者ミラー（R.A. Miller）氏は『日本語の起源』（一九八二）において、アルタイ語の「石」の基語形を *tyal^2 と考え、これが日本語の「イシ」につながっていると論じている。

*tyāl^2
- *tyāl^2
  - (蒙) čila-γun
  - (朝) tol
- *tyaš
  - (古代トルコ語) tāš＞(現代トルコ語) taş
  - (古代日本語) *yisi＞(現代日本語) ishi

どうも、tyaš が *yisi に変化するメカニズムがよく分からない。さらに、次のような語形の派生にも無理がある。

*görö「大石」
　　（蒙）gürü《ギュリュ》
　　（日）koro《コロ》

この「コロ」と「イシ」が結合して「イシコロ」が出来上ったと説明している。だが、「コロ」は「イヌコロ」の「コロ」と同じように「丸いもの」を意味するのではないだろうか。こうした事例をもって日本語をアルタイ語に組みこもうとする試みは承服できない。

先に触れたように、アルタイ語そのものにも問題がある。いま基本的語彙の「手」と「眼」を比較してみよう。ツングース語の例は満州語（満）とエベンキ語（エ）による。（蒙）はモンゴル語。

「手」（蒙）gar、（満）gala、（エ）ŋāle、（ト）el

トルコ語が異なる形をもっているし、エベンキ語の語頭のŋ音も気になる。
また、次の「眼」を表わす語には相互の類似性が見られない。

「眼」（蒙文語）nidü、（満州文語）jasa、（ト）göz

こうして調べていくと、アルタイ語そのものの存立が怪しくなる。これに対し、ウラル諸語の間では見事な一致が見られる。

	フィンランド語	モルドビン語	ハンガリー語	基語形
「手」	käsi	kéd´	kez	＜*käte
「眼」	silmä	ŝel´me	szem	＜*šilmä

アルタイ語を立証するために心を砕いたポッペ自身も「アルタイ諸語相互の関係について数多くの個別的研究はあるが、なお多くの問題が明らかにされていない。こうしたことから、いずれにしろ確立されたことを一般的にまとめて、主要な点で満足し、多くの個々の点では諦めなければならない」と述べている。したがって、アルタイ基語の成立を頭から信用するわけにはいかない。筆者もアルタ

イ語については、否定的見方に立っている。

サイナー（D. Sinor）氏は「ウラル・アルタイ関係の問題」（一九八八）の中で、北アジア諸族の生活に欠くことのできない「馬」という語に共通性のないことに注目している。「馬」を表わす語は次のとおりである。

（チュルク系諸語）at
（モンゴル語、ツングース語）morin は（朝鮮語）mar と（中国語）ma へ借用。
（ウラル系ボグル語）luv は *laɣ（チュルク・モンゴル語）ulaɣ「駅伝馬」から借用。
（ウラル系サモエード語）yunta は（古代チュルク語）yunt から借用。

こうした相互の借用関係や形態的類似を認めた上で、ウラル系とアルタイ系言語の地理的分布を考慮にいれ、矢印で示したような、北回りと南回りの循環的影響を考えている。

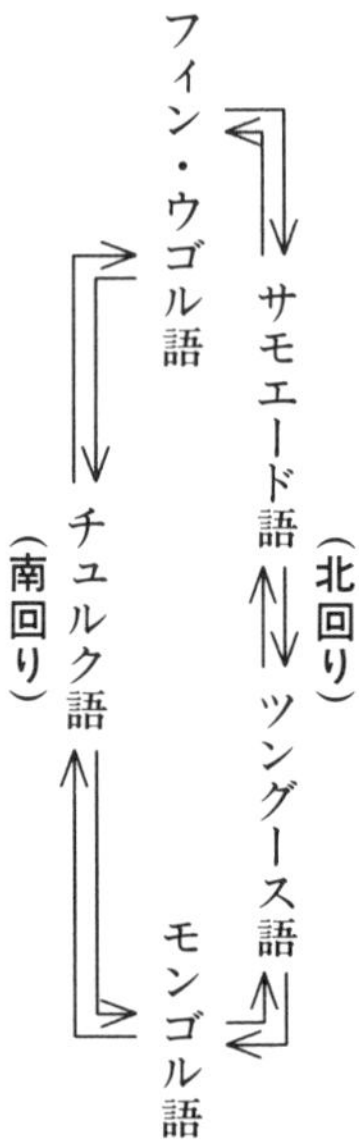

これらウラル系およびアルタイ系諸語における基本語彙の間に音声対応を取りだすことはできない。すなわち、ウラル・アルタイ基語というものは設定できないが、形態や語彙の面での類縁性を無視するわけにはいかないとしている。この見方に清瀬義三郎・則府氏（一九八五）も賛同している。

(f) **日本語とウラル語**

泉井久之助氏（一九五二）はウラル語の本体に相当するフィン・ウゴル語と日本語との関係を検討している。(フ) はフィンランド語、(ハ) はハンガリー語を示す。

(日)「雪」yuki : (フ) jää「氷」、(ハ) jēg「氷」＜フィン・ウゴル基語 *jäge

ハンガリーのカザール氏 (L. Kazar)（一九八〇）は、さらに詳しく調べて類似例を五九四例も集めている。

(1) (日)「夜」yo : (フ) yö、(ハ) ėj ＜基語形 *eje
(2) (日)「葉」ha : (フ) puu「木」、(ハ) fa「木」＜基語形 *puwe

(3) (日)「月」tsuki：(フ) kuu、(ハ) hō ＜基語形 *kuje

(2)「葉」と「木」の意味を安易に入れ替えることは望ましくないし、「月」における対比は形の上で無理がある。カザール氏は原日本人がウラル語族と別れ北シベリア経由で日本へ移動してきたと説明している。

(B) 南回り

(a) 日本語と南島語

日本列島のはるか南方で、太平洋とインド洋にかけて散在する島々で話されている言語は「オーストロネシア諸語」と総称されている。こうした大洋州（オセアニア）に広がる諸言語の間には音声の対応が認められる。インドネシア系のマライ語（マ）、メラネシア系のフィジー語（フ）、ポリネシア系のサモア語（サ）、ミクロネシア系のトラック諸島語（ト）の例をあげておく。

「五」(マ) lima、(フ) lima、(サ) lima、(ト) nima ＜基語形 *lima

「目」(マ) mata、(フ) mata、(サ) mata、(ト) maas ＜基語形 *mata

「道」(マ) jalan、(フ) sala、(サ) ala、(ト) aan ＜基語形 *Zalan

オランダの南島語学者のラベルトン（Van H. Labberton）氏は「日本・マライ・ポリネシア語との同系関係の暫定結果」（一九二四）という論文を発表しているが、インドネシア、メラネシア、ポリネシア、ミクロネシアの言語が同系であることは間違いない。同氏は次のように日本語を南島語と結びつけている。

（日）「木」ki：（マライ語）kaju
（日）「魚」uwo：（ジャワ語）iwak

松本信広氏は「日本語とオーストロネシア語」（一九二八）の中で、日本語の一三〇語を南島起源と考えている。

（日）「顔」kapo：（マライ語の方言）kapo
（日）「口」kuti：（サモア語）gutu、（マオリ語）nutu（ともに「唇」の意）

このように、南島諸島の言語の中から似た語形を適宜ひろいあげている。しかし、比較方法は一つの言語と日本語との間にできるかぎり多数の類似語彙をみつけて、音声対応を検討するのでなければ効力をもたない。こうした南島諸語との気まぐれな対比は系統についての証明力を欠いていることになる。

(b) 日本語とタミル語

インド亜大陸はほぼ三角形をなしてインド洋へ向かって突出しているが、その先端部をドラビダ族が占有している。最近ドラビダ語（ド）の中でも、タミル語（タ）と日本語との類似が取り沙汰されるようになった。芝烝氏（一九七三）は身体用語について次のような例をあげている。

（日）「手」te：（タ）tōḷ「肩、腕」

（日）「顔」kapo：（タ）kavuṭ

次いで、藤原明氏は『日本語はどこから来たか』（一九八一）の中で、タミル語の「コンカイ」（乳首）とクイ語の「カングリ」（乳首）からドラビダ基語形「コンクリ」を設定し、次のように日本語の「ココロ」への変化過程を推測している。

koṅku-ṛi>kökö-ri>kökö-rö

しかし、次に示された例語において、

(1)「足」atsi：(タ) aṭi

(2)「腰」kötsi：(ド) *kutil

(3)「鹿」tsika：(ド) *cinkay

日本語の「シ」がドラビタ語では多様に対応しているのに、その理由には触れていない。

(日)「シ」tsi
- (タ) ṭi [ti] (ṭはそり舌のt)
- (ド) til [til]
- (ド) ci [tʃi]

藤原氏はドラビダ族が東進して中国江南の地に至り、紀元前四七三年に稲作技術を携えて北九州に上陸し、アイヌ系、ウェータ系の原住民に同化したと説いている。紀元前四七三年には、呉越の戦いで越が呉を滅ぼしている。このとき越の重臣范蠡《はんれい》は財産をまとめて、一族郎党とともに舟に乗って海に浮かび、いずこかへ立ち去ったという伝承がある。しかし、越人がドラビダ族であるという記録はない。

さらに、大野晋氏は『日本語とタミル語』（一九八一）において、原タミル語を話す民族が縄文中期ヒエ・アワの雑穀文化を日本へ持ちこんだと考えている。さて、『改訂ドラビダ語源辞典』の項目を（語源ド）で表わすことにする。

(4)（日）「歯」Fa：（語源ド）pal
(5)（日）「針」Far-i：（語源ド）vaḷ（剣）
(6)（日）「分く」wak-u：（語源ド）pak-u
(7)（日）「悪」war-u：（語源ド）vaṛ-u

これら四語について、語頭に複合対応が見られる。

（日）Fa-　　（語源ド）pa-
（日）wa-　　（語源ド）va-

このように、交差して対応する音声的条件を解明する必要がある。語中音にも複合対応がでてくる。

(8)　（日）「唾」tuF-a：（語源ド）tupp-al

(9)　（日）「上」uF-a：（語源ド）uv-aṇ

(10)　（日）「翼」tub-asa：（語源ド）tuv-al

(11)　（日）「噛る」kab-uru：（語源ド）kavv-u

（日）　-F-　――（語源ド）　-pp-　(8)

　　　　　　　　（語源ド）　-v-　(9)　(10)

（日）　-b-　――（語源ド）　-vv-　(11)

なんども繰り返すが、こうした複合対応はその原因が究明されなければ、たんなる類似の線を越えることができない。次にウラル語における複合対応の例をかかげておく。

（フィンランド語）「手」käsi：（ハンガリー語）kéz「手」

（フィンランド語）「小屋」kota：（ハンガリー語）ház「家」

フィンランド語の語頭の k- 音がハンガリー語では k- と h- に分裂している。

（フ）k- ─┬─ （ハ）k-（前舌母音の前）
　　　　　└─ （ハ）h-（後舌母音の前）

これは、ハンガリー語が前舌母音の前では k- 音を保ち、後舌母音の前では h- に変化した結果によるものである。複合対応も理由が解明されれば有力な同系性への実証力をもつ。同じく語中での日本語音とタミル音との次の複合対応も気になるところである。

(12)（日）「若木」Fot-u：（語源ド）pōtt-u　（日）-t- ── （語源ド）-tt-
(13)（日）「程」Fot-o：（語源ド）pōt-u　　　　　　　（語源ド）-t-
(14)（日）「太」Fut-o：（語源ド）puṭ-ai　（日）-s- ── （語源ド）-ṭ-
(15)（日）「足」asi：（語源ド）aṭ-i

この複合対応では、日本語においてタミル語のそり舌 ṭ［ʈ］音と普通の t 音が合体している。タミル語は四種類のそり舌音 ṭ, ṇ, ḷ, ṛ 音をもっている。これはドラビダ諸語の基本的特徴で、印欧系のサンスクリット語にも影響を与えたと言われているだけに、そり舌性が日本語で消滅したわけも知りたいものである。

大野氏は『日本語以前』（一九八七）の末尾で、「もし仮に中国の雲南にあるいはアジアの西部に一つの（原日本・ドラビダ語とでもいうべき）中心があったとすれば、一つの波は東進して日本に着き、南進したものはインド大陸に進み入ってそこに広まった」という仮説を立てている。すなわち、雲南付近に原日本・ドラビダ語を話す民族がいて、これが分裂し、東へ向かったものが日本人となり、南へ下ったものがドラビダ族として定着したというのである。もしそうなら日本語とドラビダ語との文法的相違も問題となる。

タミル語の名詞には男性、女性、中性という三つの文法性があって、これが動詞の活用にも作用している。動詞が文法性によって形を変えている。

（男性）　aaṇ vantaan「男が来た」
（女性）　peṇ vantaa「女が来た」
（中性）　yaanai vantatu「象が来た」

こうした文法性が日本語では消え去って痕跡すらないのはなぜであろうか。文法性は言語学に携わる者にとってはきわめて関心の深い文法事項である。

また、タミル語の名詞には単数と複数があり、ともに格変化を行なう。

タミル語の格変化

	［単数］	［複数］
（主格）	maram「木が」	maram-ka「木々が」
（属格）	marat'tin「木の」	maram-kaḷ-in「木々の」
（与格）	marattukku「木に」	maram-kaḷ-ukku「木々に」
（対格）	maratte「木を」	maram-kaḷ-e「木々を」
（共格）	marattooṭa「木と」	maram-kaḷ-ooṭa「木々と」
（具格）	marattaalee「木で」	maram-kaḷ-aalee「木々で」
（所格）	marattulee「木に」	maram-kaḷ-ilee「木々に」

右の格変化表から複数語尾が -kaḷ であることが分かる。たしかに、「語幹・複数語尾・格語尾」

というように、二種類の語尾が膠着的に接合している。コールドウエル氏（R. Coldwell, 一九一三）は、ドラビダ諸語を比較して、対格語尾は *am＞an＞a＞ei と変化したものであろうと推定している。さらに、具格と所格の相互関係を認めた上で、語尾 -il を設定し、共格に -oḍu、与格に -ku、属格に -in を立てている。

大野氏は、これらタミル語の格語尾のうち次のものについて日本語の助詞と対比させている。

日本語の助詞	タミル語の格語尾
(属格) nö :	-in
(与格) ni :	-iṇ
(共格) tö :	-oṭu
(対格) (wo) :	(-ai)

格語尾が助詞すなわち後置詞に変わるということは言語の本質にかかわる根本的な特徴の変更である。たとえば、格変化をおこなうラテン語からフランス語のような前置詞による言語が派生している。だが、その変化過程については究明されている。こうした問題は語順などよりもさらに重要な文法現象である。また、単数と複数の区別はそれ以上に本質的な文法的特性であるから、こうした点につい

て、納得のいく説明がないと、日本語とタミル語の同系性の承認をえることはむずかしいであろう。

(c) 日本語とチベット・ビルマ語

この方面では、すでにパーカー氏（C. K. Parker）が『日本語、チベット・ビルマ語同祖論』（一九四一）において、相互の類似性を論じた後、「チベット・ビルマ諸語の日本語に対する関係はアングロ・サクソン語の英語に対する関係と略同じ手であると言うことができる」と主張している。

(日)「朝」asa：(カリナガ語) asang

(日)「腹」ponpon：(ランロン語) pung

(日)「歯」ha：(ライ語) ha

こうした名詞の事例は少なく、言語資料がまちまちで、「ポンポン」のような幼児語まで含めている。彼はむしろ代名詞と助詞の用法に注目し、助詞の「と」とチベット語の後置詞 dang が機能を同じくしていると見なしている。

(チベット語) bud-med　dang　nyal-ba.「女・と・寝る。」

西田竜雄氏はこの nyal-ba を日本語の「ねぶる」(nebur-Φu)、「ねる」(ner-Φu) に比定している。さらに、西田氏（一九七八）は、「日本語の中核を占める部分はチベット・ビルマ語系の言語と同じ祖形から来源している」と想定している。

たとえば、(日)「鼻」Φana はチベット語（チ）sna と共通の祖形 *sna にさかのぼるという。すなわち、次のような変化があったと説いている。

*sna > *sana（母音の挿入）> Φana（s > Φ の変化）

また、(日)「目」me :（チ）*myag はいいとして、「足」の原形が *khriy であると考え、次のようなプロセスを使って説明している。

*khr-iy > *tsh-iy > *si > asi（母音 -a- の付加）

このように、語を単音に分解し都合のよい音声変化を考案して適当な母音を添加すれば、どんな語形でも導きだすことができるであろう。

以上、同祖論について、北回りと南回りに分けて各説を取り上げ批判してきたが、次に(2)の重層説に移ることにしよう。重層説は(A)二重層と(B)多重層に分けて考えられる。

(2) 重層説

(A) 二重層説

二重層説は、以前から日本列島にある言語Xが基層として話されていたが、後から異種の言語Yが来入してきて上層となり、両者が混合して現代日本語の源が作られたという仮説である。混合とは、たとえば言語Xの文法構造へ言語Yの語彙がはめこまれたというような考え方が主で、混合の仕方や度合は各論者によって見解を異にしている。二重層説はさらに、南方語Xの上に北方語Yが重なったとする見方と、逆に北方語Yへ南方語Xが流入したという見方とがある。

(a) 南方語の上に北方語

すでに、ロシアの言語学者ポリバーノフ氏は「日本語の音楽的アクセントに関する研究について」(一九二四)の中で次のような見解を述べている。

「日本語は南方的――南島的要素と西の大陸的な朝鮮語（および他の東アジアの大陸のアルタイ的諸言語）との共通の要素との混合である。」

この路線を継承したのが村山七郎氏と川本崇雄氏である。

村山氏は『日本語の誕生』（一九七九）の巻末で次のように結論づけている。

「縄文時代には琉球から九州、西南日本にかけて南島系言語が行なわれていたと推定されます。……縄文晩期か弥生初期に朝鮮半島を経てアルタイ・ツングース的な言語が九州に渡来し、そこできわめて多量の南島語要素を吸収し、しだいに『日本祖語』（原始日本語）が誕生したのでありましょう。」

要するに、日本祖語が南島語を素材としてアルタイ的言語を組織原理とした「混合言語」であると見なし、日本語の語彙は南島系であり、文法形式は北方系によるという構想である。

たとえば、タガログ語（タ）kahoy「木」の元になる語形 *kahui を設定し、

*kahui > *kaui > *köï > （日）*kö ～ *ki「木」

という派生を考えている。また、「鼻」については、次のような導き方をしている。

南方祖形　*paŋa「分岐して突き出たもの」

（タ）paŋa「あご」

（日）pana「鼻」

これに対し、北方的要素として、「まがる」という動詞の終止形で語幹部を次のように定めている。

（ツングース語）*maŋga「硬い、頑強な、困難な」→（日）māga「まが」

これに次のような語尾が接着したと述べている。

*māga-ri-wu-mi ＞ *māgari-wu-mu ＞ *māgarun ＞ māgaru

-ri- は（ツ）の分詞を形成する要素の -ra に相当する。

-wu- はモンゴル文語の存在動詞 -bui と関係している。

-mi- はモンゴル文語の副動詞・名詞形を作る語尾と比べられるという。
だが、こうした接辞要素についても音声対応の検証が必要である。
すでに、泉井氏が「日本語と南島諸語・系譜関係か寄与の関係か」（一九五七）において、南島のマライ・ポリネシア諸語に目を向け、次のような例を取り上げている。

「花」fana：（南島）＊bana

「のど」noto：（南島）＊nunsu「口、唇」

そこで、泉井氏は、日本語の初めは大陸の奥地（フィン・ウゴル語族）で形成されて、日本列島にきたときそこには南方系言語が用いられていたが、やがて言語の置き換えが行なわれたため南島系の古い語彙が残されたのであろうと推察している。

(b) 北方語の上に南方語

川本崇雄氏は『南から来た日本語』（一九七八）により、土着のアルタイ系住民の言語を基層とし、新来の南方族の言語が上層となっておおいかぶさり混和した共通語が生じたと論述している。

「日本列島には縄文時代の末期、アルタイ語的な言語Aが行なわれていました。そこへ秀れた稲作文化を担った南島語族が言語Bをもたらしました。」

川本氏も音声対応を重んじているが、その中からオーストロネシア基語（オ基）について類似例を検討してみよう。

（日）「果て、死」fate：（オ基）*paCey「死ぬ、終」
（日）「春」faru：（オ基）*baRu「新しい、若い」
（日）「綿」wata：（オ基）*paspas「(羽毛などを) 引きちぎる」
（日）「湧」waki：（オ基）*bajun「起きる」

ここにも多対多の対応が見られる。

（日）fa-　（オ基）*pa-
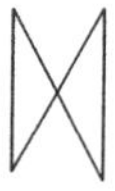
（日）wa-　（オ基）*ba-

こうした複合対応については、食違いの条件を明示する必要がある。さもないと、単なる類似例として扱われることになる。川本氏の南方説の泣き所は、日本語が接尾辞を多用するのに反し、接頭辞の事例がまことに少ないという点にある。実は南島諸語ではさかんに接頭辞が用いられている。次はインドネシア語の例文である。

Orang itu me-nulis surat itu.（人・あの・書いた・手紙・あの）「その人がその手紙を書いた。」（itu は英語の定冠詞 the に相当する）

Surat itu di-tulis oléh orang itu.（手紙・あの・書かれた・よって・人・あの）「その手紙はその人によって書かれた。」（英語に似た構文である）

インドネシア語は指示代名詞 itu「あれ」に英語の冠詞に相当する機能をもたせている。さらに、語順も「主語・述語・目的語」というように英語とよく似ている。能動の接頭辞 me- が受動になると di- に変わり、英語の by を想起させる前置詞 oléh「よって」が使われている。日本語の接頭辞として、川本氏は「カ細い」「ト惑う」のような例を挙げている。なお、崎山理氏（一九八五）も「タなびく」の「タ」を「意図せずに影響されたある状態になっていること」を意味する南島語の *ta（N）- と結びつけている。

(B) **多重説**

大河はいくつかの支流から注ぎこむ水を併呑して大洋へ流れでるように、日本語という川へは四つの支流が流入しているという見解を、安本美典氏は『日本語の誕生』(一九七八)の中で提示している。

(1) まず、「日本語」「朝鮮語」「アイヌ語」の母胎となる「古極東アジア語」なるものが想定されている。

(2) およそ、六、七千年ていどまえに、インドネシア、カンボジアの方面から第二の流れが押し寄せてきた。

(3) さらに、西暦紀元二、三世紀前後に稲作などとともに、第三の波として、おもに中国の江南地方から、ビルマ系の言語が日本へ流入してきた。

(4) 西暦紀元前後から、二千年にわたって、日本列島に文化的影響を与えてきた中国語の波がある。

以上の流れを次のような図式にまとめている。

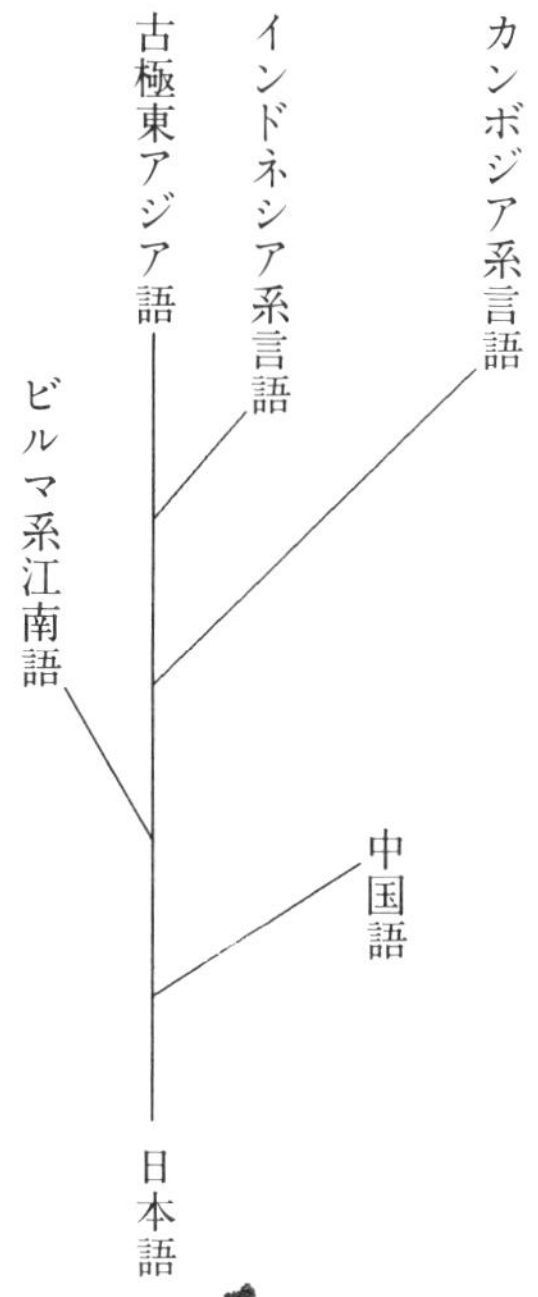

安本氏は日本語の系統論を否定し、自説を「日本語の形成論」と呼んでいる。この形成論は語彙統計学の手法を用いて算定した数値にもとづくもので、その手法については後述することにしたい。

いままで各種の系統説を紹介し、それぞれ問題点を指摘してきたが、結局、日本語と琉球語の間以外には規則的な音声対応が成立しないことを明らかにしてきた。つまり日本語と琉球語は同系の姉妹関係にあるが、その他の言語はどこか似ているだけという結果になろう。

(C) 国内形成論

不思議なことで、いままであまり注意を引かなかったのは服部四郎氏の『日本語の系統』(一九五七)の中で披瀝されている日本語祖語形成論である。同氏は邪馬台国が九州にあったものと推定して、同国が栄えたのち、その勢力が三世紀後半に近畿へ移動したと考えている。すぐれたこの弥生式文化の担い手たちが畿内に行なわれていた方言を同化し、豊かな新天地に定住して古墳文化を発達させたという道筋を想定している。かくて、これから日本人の言語と文化は四囲の地方へとひろまっていったから、「日本祖語はだいたい弥生式文化の言語であったということができる」と結論づけている。

北九州に発生した邪馬台国の言語

↓ 東進して

畿内方言を征服日本祖語となる

次に、「縄文式文化の担い手を弥生式文化のそれと異なる民族であるとするならば、日本祖語の話し手たちは、たとえば南朝鮮から渡来してまず北九州に地盤を作り、さらに日本列島を征服して行ったと考えることができよう。しかしながら、右の両者が同じ日本人であるとの説が有力となりつつあるから、西暦紀元の数世紀以前に日本祖語民族が北九州に渡来したと考える必要はない」と言い切っている。

このように外来民族による言語的侵略を否定したところが不人気の原因であるかもしれない。だが、きらびやかで架空的な異族の来入説に比べ、考古学の実績をふまえた地道な推論であるだけに信憑性が高いと思われる。

しかし、日本祖語に外来の要素を拒否してしまうと、縄文文化と弥生文化の境目がなくなり、両文化の担い手たちが言語の面で連続していたことになってしまうであろう。結局は縄文語と弥生語の段落が明確にされていないところに難がある。

筆者も異なる観点から、大筋で服部氏の路線を追うことになる。とにかく、戦後の考古学と人類学の分野における発掘発見には目を見張るものがある。闇に隠れていた縄文時代の実相のここかしこに光が当てられ、予想だにしなかった縄文文化の壮大な骨格がおぼろげながら、浮かび上がってきた。はたして、弥生語を日本祖語と見なしてよいだろうか。服部氏は明言していないが、縄文語の有力な方言のひとつから弥生語が形成されたのであれば、縄文語の方言の中に日本祖語の基底を掘り起こしていかなければならないと思う。縄文文化はいまから一万二千年前に芽吹いたという。一万年もの奥行をどこまで手探りで究めることができるのか見当もつかないが、とにかく、いくつかの糸口をつかんで、これをたぐりよせていきたいと考えている。

3 比較言語学の効力と限界

言語の間の同系性を立証するためには、比較言語学における音声対応が血液型判定の役割を果している。だが、比較の対象となる言語を日本語以外に限ることはない。日本語の諸方言に比較方法を適用すれば、これら方言の祖形、すなわち原日本語の語形を取り出すことも可能である。

(1) 方言における比較方法

いま、東北、関西、沖縄の方言につき、重要な身体用語を比較してみると、「頭」以外は見事に一致し、音声の対応が見られる。

	[東北]	[関西]	[沖縄]
「目」	ma-nagu	mee	mi ~ mii
「鼻」	hana ~ ɸana	hana	hana ~ ɸana ~ pana
「耳」	mimi	mimi	mimi ~ mimii
「口」	kïidzïi ~ kïidzï	kutʃi	kutʃi
「頭」	adama	atama	tʃiburu

右の例から次のような音声対応を取りだすことができる。

（語頭音） h : ɸ : p　（語中音） tʃi : dzü

東北の managu は「マナコ」、沖縄の tʃiburu は「ツブリ」から派生している。こうしたがっちりした一致は、日本列島の両端と中央を占める東北・関西・沖縄の三大方言の祖先となる原日本語の成立はきわめて古く、ゆるぎないものであるという印象を与える。

(2) 同系言語における比較方法

言語の同系性を証明するためには、基本的語彙における規則的な音声対応の確認が必要である。比較方法の例としてウラル語を参照してみよう。

	「目」	「鼻」	「耳」	「口」	「頭」
（フィンランド語）	silmä	nenä	korva	suu	pää
（エストニア語）	silm	nina	kõrv	suu	pea
（ハンガリー語）	szem	orr	fül	szá	fej
（基語形）	*silmä	—	—	*suβe	*päŋe

フィンランド語とエストニア語の一致は一目瞭然である。これらの言語の分裂は紀元前後、すなわち今から二千年前と推定される。フィンランド語とハンガリー語の間には、「頭」の語に p : f のような音声対応が見られる。これら五語の内、二語の「鼻」と「耳」は語形を異にしている。両語の分裂時期は紀元前三千年、今から五千年の昔とする説が有力である。

言語により変化の速度に違いがあるので、これを基準とすることはできないが、ひとつの目安にはなるだろう。とにかく、比較方法によって遡ることのできる上限は紀元四、五千年前といったところであろう。これを越えると厳密な音声的対応を取り出すことが困難になる。比較方法にもこうした限界がある。

(3) 周辺言語における比較方法

日本語の系統を解明するために、今まで諸賢が日本語をさまざまな周辺言語と比定してきたが、いずれも確証を得るにはいたらなかった。

	「目」	「鼻」	「耳」	「口」	「頭」
(アイヌ語)	sîk	etú	kisár	par	sapá
(中期朝鮮語)	nǔn	kǒ	kǔi	ǐp	mərí

(モンゴル語)	nɯd	xamar	tʃix	am	tɔɫɢɔi
(トルコ語)	göz	burun	kulak	ağiz	baş
(インドネシア語)	mata	hidung	telinga	mulut	kepala
(タミル語)	kaṇ	mūkku	kātu	vāy	talai

これら周辺言語には、身体用語について日本語に類似した語彙はほとんど見当らない。インドネシア語の mata「目」がよく取り上げられるぐらいである。

とにかく、ウラル語に呈示されたような音声対応を備えた類似を見つけだすことはできない。このことは、こうした周辺言語との間に比較方法による同系性の立証が不可能であることを示唆しているように思える。そうなると他の手段によって原日本語の姿を追い求めざるをえない。なお、モンゴル語とトルコ語の間にも類似が見られないことがアルタイ語族の成立に不信の念を抱かせることになる。

音声対応を取りだす望みがないとすると、類似の度合いで言語間の相関関係を計算しようとする方法が試みられるようになった。こうした統計推定法について二つの方式を紹介しておこう。

(4) 言語年代学

言語年代学は、言語というものが一定の割合で変化していくという仮説に基づいている。リーズ氏

(R. Lees) は一千年たつともとの言語の基礎語彙の内、八割しか残らないと言っている。要するに、一千年の間に二割ずつ基本的な単語が変わっていくという勘定になる。

そこで、アメリカの言語学者スワデッシュ氏(M. Swadesh)は、二つの言語の間にどの程度類似した語彙があるかを調べあげ、その数量によって、これら言語が分裂した時期を推定するための数式を案出している。つまり、二つの言語において、八割の単語が類似していれば、両者は一千年前に分離したと考えてよいことになる。もし、六割の語が共通と見なされれば、二千年以前に分派したものとされよう。

スワデッシュ氏が言語年代学において用いた基礎語彙表には一〇〇項目と二〇〇項目の二種類がある。ここに一〇〇項目の方を紹介しておく。

(1) I「私」、(2) thou「あなた」、(3) we「私たち」、(4) this「これ」、(5) that「あれ」、(6) who「だれ」、(7) what「なに」、(8) not「ない」、(9) all「すべて」、(10) many「たくさん」、(11) one「一つ」、(12) two「二つ」、(13) big「大きい」、(14) small「小さい」、(15) long「長い」、(16) woman「女」、(17) man「男」、(18) person「人」、(19) fish「魚」、(20) bird「鳥」、(21) dog「犬」、(22) louse「しらみ」、(23) tree「木」、(24) bark「木の皮」、(25) leaf「葉」、(26) root「根」、(27) seed「種」、(28) blood「血」、(29) meat「肉」、(30) skin「皮膚」、(31) bone「骨」、(32) fat「脂肉」、(33) egg「卵」、

(34) horn「角」、(35) tail「尾」、(36) feather「羽根」、(37) hair「髪の毛」、(38) head「頭」、(39) ear「耳」、(40) eye「目」、(41) nose「鼻」、(42) mouth「口」、(43) tooth「歯」、(44) tongue「舌」、(45) foot「足」、(46) knee「ひざ」、(47) hand「手」、(48) belly「腹」、(49) neck「首」、(50) breast「胸」、(51) heart「心」、(52) liver「肝」、(53) saliva「唾」、(54) to drink「飲む」、(55) to eat「食べる」、(56) to bite「噛む」、(57) to see「見る」、(58) to hear「聞く」、(59) to know「知る」、(60) to sleep「眠る」、(61) to die「死ぬ」、(62) to kill「殺す」、(63) to swim「泳ぐ」、(64) to fly「飛ぶ」、(65) to walk「歩く」、(66) to come「来る」、(67) to lie「横になる」、(68) to sit「坐る」、(69) to stand「立つ」、(70) to give「与える」、(71) to say「言う」、(72) sun「太陽」、(73) moon「月」、(74) star「星」、(75) water「水」、(76) river「川」、(77) stone「石」、(78) sand「砂」、(79) earth「土」、(80) cloud「雲」、(81) smoke「煙」、(82) fire「火」、(83) ashes「灰」、(84) to burn「燃える」、(85) path「道」、(86) mountain「山」、(87) red「赤い」、(88) green「緑」、(89) yellow「黄色」、(90) white「白い」、(91) black「黒い」、(92) night「夜」、(93) warm「暑い」、(94) cold「寒い」、(95) full「いっぱい」、(96) new「新しい」、(97) good「よい」、(98) round「丸い」、(99) dry「乾いた」、(100) name「名前」。

また、スワデッシュ氏は、調査対象となる二つの言語の分裂年代を算定するために、次のような数式を提示している。

$$d=\log c \div 2 \log r$$

dが分裂年代、cは問題となる同系語間の共通残存語の%、rが残存率で、スワデッシュ氏はこれに、0.805を代入している。要するに、一〇〇〇年後にもとの語彙の0.805％（約八割）の単語が残ると考えている。

服部氏（一九五九）は、京都方言と琉球の首里方言の基礎語彙を調査し、0.6480という残存率の値を得た。さらに、右の数式の2 logの2という常数を1.417に改めて計算した結果、1453という両方言の分裂年代をはじきだしている。すなわち今から、一四五三年前に京都と琉球の方言が分離したというのである。

さらに、島津の琉球入り（一六〇九）から、薩摩との交通が盛んになったため、ああいう小さい島々だから、九州方面からの移民たちの言語の影響を受けて、「琉球語が日本語から離れていく速度をにぶらせたに違いないから、三〇〇年程度の繰り上げが、可能なばかりでなく、必要ではないか」と補正している。すると、その時期はほぼ邪馬国のヒミコが君臨していた時代に合致することになろう。

だが、それでも疑問が残る。紀元二〇〇年ごろ九州から弥生人が南下を開始したとしよう。それ以前に琉球の島々に先住の縄文人が生活していたはずであるから、彼らはどんな言葉を使っていたのであろうか。その縄文語は弥生語とまったく異なる言語であったのか、それとも少し違った方言であったのか、いずれか定かでない。それに、この頃弥生人が琉球へ移住し始めたという考古学的裏づけが出てきていない。

どうも、こうした弥生人移住説は、伊波普猷氏の「多分石器時代から金属時代に入りかけたころ」(『沖縄歴史物語』一九四六)つまり、西暦一世紀から三世紀にかけて起こったという見解に立脚しているようである。それに、伊波氏の推測には縄文時代についての言及が欠落している。

さらに、チェインバレン氏は次のような言語事実に着目している。

首里方言には係り結びの用法がある。

クレー　ワンニン　ユヌン。「これは私も読む。(終止形)」

クレー　ワーガ　ドゥ　ユヌル。「これは私が読む。」

古語の「ゾ」に相当する係り助詞「ドゥ」を受けると「ユヌル」で結ばれる。

また、常体と丁寧体と比べてみると、次のように表現の違いが見られる。

常体：　ユヌン［junuN］「読む、読んでいる」
丁寧体：ユナビーン［jun-abiiN］「読みます」

丁寧体ユナビーンの［-abiiN］は古語の「はべる（侍る）」に対応すると考えられてる。このように、古語の特徴をよく伝えているところから、チェインバレンは、琉球語は奈良朝以前に分かれた日本の古い一方言であると言明している。

だが、言語年代学について、松本克巳氏（一九九四）が批判しているように、千年で二割ずつ言語が変化していくとすれば、五千年たつと残存語彙はゼロに近くなるはずであるし、どんな言語でも、他人のそら似というか、五パーセント位は偶然に類似したものがある。たとえば、英語の name「名前」、boy「少年」と「坊や」など関連を考えたくなる単語である。

大昔から舟によって島々を結ぶ往来はじつに盛んであった。海峡や河川は交流の妨げにはならない。むしろ山や森こそ交通の障壁をなしている。縄文時代から悠久の琉球語はたえずさざなみのように九州から文化の影響波が打ち寄せてきていたに相違ない。次に遣隋使にまつわる逸話がある。

隋の煬帝《ようだい》の大業三年（六〇三）琉求国《ママ》が服従を拒んだので、陳稜《ちんりょう》という将軍が遠征して琉求国の宮殿を焼き、数千の男女を捕虜にし連れ帰るという事件があった。たまたま小野妹子たち日本の使節団が長安に滞在していたので持ちかえった琉求国の布を見せたところ、「此は夷邪久《いやし》国の用いる所なり」と答えた。夷邪久国とはいまの屋久島のことであろうか。

推古朝の高官である小野妹子が琉球屋久島の風俗に精通していたことは、当時琉球との交流が密であったことを裏書きしている。こうしたことから、古語形が琉球語に伝わったのかもしれない。

とにかく、奈良時代に本土から琉球語が分離したとする仮説では、沖縄で発見された前期、早期の縄文文化との関連が説明できない。一九七五年に沖縄県渡具知《とぐち》東原《あかりばる》遺跡では、九州縄文前期の曽畑《そばた》土器（四八八〇年以前）が出土し、その下から早期の爪形文のヤブ式土器（六四五〇年以前）が出現している。なんにしても琉球列島に縄文人が早期から住み着いていたことは疑いない。

(5) 語彙統計学

服部氏の行なった二言語間の分裂時期を推定する言語年代学に対して、安本美典氏は『日本語の誕生』（一九七八）において、二言語間の一致の度合いを調べる「語彙統計学」を応用し、多くの言語の間の類似について相関関係を求めている。彼はコンピューターを使って各語彙の始めにくる三音について類似性を判読させ、基本語彙二〇〇を統計的に処理している。次に、現代東京方言と他の言語との間に見られる類似の一致数を与えておく。

東京方言と

○ 1 上古日本語 157
○ 2 首里方言 126
3 カンボジア語 64
4 中国北京方言 58
○ 5 中期朝鮮語 56
6 インドネシア語 54
7 モン語 57
8 ベトナム語 58
9 トンガ語 45
10 中国広州方言 50
○ 11 ロロ語 52
○ 12 シンハラ語 48
13 フィンランド語 44
○ 14 アイヌ幌別方言 47

カンボジア語はクメール語とも称し、モン語とベトナム語とともにモン・クメール語族を形成している。語順は「主語・述語・目的語」という配列である。トンガ語はポリネシア系の言語で太平洋のさなかで話されていて、動詞が文頭の位置を占める。ロロ語は中国雲南省と四川省貴州省の一部で話されているビルマ系の言語で、ŋa bu-mabu.「私（は）・字（を）・書く」のように、述語が文末にくる。シンハラ語はスリランカの公用語で印欧語系と考えられている。eyā bat kan wa.「彼は・ごはんを・食べる」と文末に述語をたてる。フィンランド語は北欧で話されている言語で、「主語・述語・目的語」がノーマルである。poika lukee kirjaa.「少年が・読んでいる・本を」。中国の北京方言ならば、「少年・在看・書」となる。

こうした序列の中で「主語・目的語・述語」という語順の言語に○印をつけたが、地理的に無理のない日本語、朝鮮語、アイヌ語の三言語がのこる。そこで、安本氏は類似の語彙数と文法的共通性から、これら三言語の共通祖語を「古極東アジア語」と呼び、これを日本語の源泉として、次に類似語彙数の多いカンボジア語とインドネシア語の流入を考えている。さらに、身体用語の類似が目立つロロ語を含むビルマ系言語からの合流を認め、中国語からの文化的圧力を加えて日本語形成の多重説を主張している。

安本氏が算定した類似の数値は尊重すべきであるが、やはり、考古学と人類学からのアプローチと一致しない点が不安である。

人類学側からの結論は、日本列島には縄文時代の一万年にわたってアイヌ人を含む南方モンゴロイド系の縄文人が生活していたこと、紀元前二、三百年ごろ北方モンゴロイド系の渡来人が移入してきたことである。この事実は縄文土器の編年配列と弥生土器への推移という考古学上の定説に裏づけされている。

日本語の成立過程も人類学と考古学からの主張から勝手に逸脱することは許されない。たとえ縄文晩期の縄文人の人口がいちじるしく衰弱していたとしても、九州北部に上陸した渡来人の言語がわずか数百年にして、北は津軽の岬から南は八重山群島の先まで波及し、先住の縄文人の言語に入れ替わったという憶説は信じがたい。

しかも、渡来人の数はそれほど多くないという。彼らの原郷も定かでなく、その故郷で語られていたはずの同系言語の姿は大陸のいずこにも残されていない。もし跡形もなく消え去ったとしても二千年前のことである。

青森の三内丸山遺跡を訪れ、偉大な縄文文化に接したとき、この文化を築きあげた人々の子孫がこの地に代々住みついてきたであろうこと、また琉球の島辺に生活している人々と言葉をかわすとき、やはり太古の祖先から世々この土地で暮らしてきたであろうことを筆者は信じて疑わない。

その人たちの言語が、二千年ほど前に外来者によって突如一変させられたとは到底考えられない。

いまも北の果てや南の端で語られている言葉が縄文時代から言い伝えられたものであると思うのが、自然の理に適っているのではないだろうか。

第4章　縄文語の復元

はじめに　弥生語と日本語祖語

いままでの日本語系統論者の大方が、ひとつの妄想にとりつかれてきた。それは、奈良朝から現在に至るいわゆる日本語の源は、弥生時代の言語にあるという仮説である。この考え方を端的に述べているのは、『日本語の歴史』（一九六三）の第一巻である。

「無土器時代人ないし縄文時代人と、のちの日本民族とのあいだの形質的類似や、文化的な継承をまったく否定しえないにしても、基本的な文化からみれば、そこにはかなり大きなちがいがある。そのうえ、弥生時代を象徴する稲作農業には生産の基礎をおいた持続性のある農業社会が、その後も長く日本列島にひろがり、言語の面からは、すでに〈日本語〉が使われていたと推定される。また、古代シナの史書によれば、弥生時代の日本が多くの原生国家に分かれながらも、共通の文化をになう一民族として、ひとしなみに〈倭人〉とよばれていたこともわかる。これらを総合すれば、まさしく弥生時代こそ日本民族の祖先にほかならない。」

すなわち、狩猟文化の縄文時代ではなく、稲作文化の弥生時代が日本民族の原点であると述べている。第3章で批判した日本語系統論の大部分がこの弥生時代起源説に立脚しているのである。はたして、縄文時代の言語は弥生時代の言語によって駆逐され、消滅させられてしまったのだろうか。六百年たらずの弥生期に弥生語は縄文語に完全に入れ替わったのであろうか。本土から遠く離れた琉球列島の言語もそうした運命をたどったのだろうか。こうした弥生期における言語交替の証拠はどこにもない。本書では、弥生時代の言語を「弥生語」、縄文時代の言語を「縄文語」と呼ぶことにする。

人類学側では、おおよそ次のような結論に落ち着いている。

「(縄文時代人と古墳時代人との間で) 文化が変わり、それに伴い骨の形質が変わっても、民族そのものの本質には変化はなかったとみなすのが至当であろう。つまり、弥生時代においても、またそれ以後においても、日本人の体質を一変するほどの大規模な混血はなく、日本人は石器時代から現代に

いたるまで、遺伝的に連続しているのである。」（池田次郎『日本人の起源』一九八二）
要するに、日本人には縄文時代、弥生時代、現代、まで体質を一変させるほどの大規模な混血はなかった。つまり、異質の民族が外部から大挙して日本列島に侵入し、先住民を征服した様子はなかったというのである。
服部氏は「琉球方言を含む現代諸方言の言語的核心部の源となった日本語祖語は、西暦前後に北九州に栄えた弥生式文化の言語ではないか」と述べてから、「そして紀元二、三世紀の頃、北九州から大和や琉球へかなり大きな住民移動があったのではないか。縄文式文化の担い手が日本人であったとすれば、日本祖語の時代の日本各地には日本祖語と同系ではあるが、それとは異なる多くの方言（異系の言語であったかも知れない）が話されていたであろうが、それらは日本祖語から発達して来た方言に同化吸収されて、現代諸方言に多少の痕跡を残して消失したのであろう」と説明している。
つまり、縄文時代には異なる多くの小方言があって、その中で、北九州の方言が弥生文化を担って畿内へ進出し、他の方言を制圧吸収したというシナリオを描いている。弥生語に同化されたという異なる多くの小方言は縄文語に相違ないが、それらはすべて消滅してしまったのであろうか。縄文語の末裔が日本のどこかで命脈を保っているのではないだろうか。それを探しだしたいと思っている。

1　縄文語の復元は可能か

いまから一万年二千年前までの新石器時代、それから一万年にわたる縄文時代、いまから二千三百年前に始まった弥生時代、つづく古墳時代という考古学の物的証拠に基づく時代区分はゆるぎない定説である。

だが、言語面における日本語の系統論では縄文時代の言語がほとんど欠落している。先に紹介した同系説や重層説などは言語の石器時代に関するものであり、国内形成説は弥生時代の言語から出発している。この意味で縄文語の研究は手つかずという状態にある。考古学の立場から見れば、戦前の水準にしか達していない。

縄文語への探索をはばむものは何か。それは弥生語が縄文語に入れ替わったという、いわれのない「弥生語交替説」である。この場合の弥生語は奈良時代の先代に当たる言語を意味すると考えてよい。弥生語こそが原日本語であり、弥生語が縄文語を制圧したという憶説は、いまもなお日本語の歴史を考究する際の大きな障害になっている。この憶説の欠陥は、弥生語自体の成立が明確にされていないことと、縄文語と交替したという想定が思い込みの域を出ていないということにある。

考古学や人類学が縄文時代と弥生時代は連続しているると主張しているのに、系統論者は確証もないのに、両者は断絶していると決めてかかっている。二千年前に弥生語が縄文語を一掃するという日本語の運命を劇的に変転させるような大事件が起こったのであろうか。果たして縄文語はまったく消滅してしまったのであろうか。日本のどこかに縄文語は残存しているのではないか。改めてこうした疑問を投げ掛けてみる必要があると思う。

こうした問題に答えてくれるのは日本語の方言についての比較言語学的考察であろう。先の日本語系統論諸説を批判した際に、比較言語学の有効射程は紀元前五千年程度と述べたが、それはインド・ヨーロッパ語族とかウラル語族とか治乱興亡の歴史をくぐりぬけた民族の言語の比較検討による成果である。日本列島における縄文時代は、異民族の侵入という人種的葛藤のない穏やかでゆるやかな時間の推移の中にあったと思われる。日本語は南の琉球列島から北の東北地方に至る同系の方言群から成り立っている。こうした日本の諸方言の間に比較言語学的手法を適用することは可能である。

長さ一千五百キロにわたる日本列島において、次の四方言を比較しその原形を復元すれば、本土縄文語の姿を取り戻すことができよう。

本土縄文語
↑
九州の方言
関西の方言
関東の方言
東北の方言

また、長さ一千キロにわたる琉球列島において次の方言を比較すれば、琉球語の祖先を突きとめることができるであろう。

琉球縄文語
↑
奄美諸島の方言
沖縄諸島の方言
宮古諸島の方言
八重山諸島の方言

さらに、「本土縄文語」と「琉球縄文語」を比較することにより、「原縄文語」を再構成することができるはずである。

渡来人が日本列島に移住してくる前、つまり縄文晩期はいまから二千三百年ほど昔のことである。

方言形に比較方法を用いれば、この時期の縄文語を復元することはさほど困難ではない。こうした作業を弥生語の壁で閉塞させてしまうことはまことに遺憾である。そこで、あえて縄文語の再構へ向けて一歩を踏みだそうと思っている。

さらに、弥生語交替説の弱点は弥生語を奈良時代の言語そのものと見なしていることになる。そもそも弥生語はいかにして形成されたか。これについて、交替説はあいまいな形でしか説明していない。弥生語は北九州において成立し、やがて畿内に移動したという見解が有力である。そこで、北九州における弥生語の形成について、次の三通りの考え方ができると思う。

(1) 渡来人の言語が弥生語である。

(2) 北九州方言が弥生語である。

(3) 北九州方言が渡来人の言語の影響を受けて弥生語となった。

(1)の仮説については、渡来人の出自が明確でない上に、渡来者の数がそれほど多くなく、断続的であったということから、渡来者の言語が弥生語となった可能性はきわめて少ないであろう。

(2)北九州方言が弥生語になったとするならば、九州の縄文語がそのまま弥生語の前身であったということになる。

(3)渡来人の言語的な訛りが九州縄文語に作用したということは十分考えられる。

(2)と(3)の仮説はともに九州縄文語を前提としているから、その直系ともいうべき奈良時代の言語に九州縄文語の特徴が継承されていると考えられよう。筆者は(3)の立場にあって縄文語を再現しようと企てている。九州縄文語は琉球縄文語によって、その原形をうかがい知ることができるであろう。だが、これ以外に有力な縄文語の候補がある。まず、この辺から手をつけていこうと思う。

2 縄文語を探しだす方法

縄文語を探しだすのには、柳田国男氏の提唱する「方言周圏論」が有力な武器になると考える。氏の『蝸牛考』(一九三〇)ではカタツムリの異名について考証しているが、

デンデンムシムシ、カタツムリお前の頭はどこにある。

という童謡がある。方言形の分布を調べていくと、「デデムシ」は近畿を中心に中国地方へと延び、その外側の関東や北九州では「マイマイ」と呼ばれている。東北の秋田および四国西部では「カタツ

ムリ」、九州熊本辺では「ツムリ」の形が残っている。また、東北の青森と九州中部では「ナメクジ」と称している。これを図式化すると、次のように、近畿を中心に同心円を描いて日本の東北部と南西部へと分布していることが分かる。

柳田氏は、中央部の近畿から、デデムシ＞マイマイ＞カタツムリという順に新しい呼称を次ぎ次ぎに送りだした結果、これが波紋状に全国へ広がっていくので、末端の地域により古い形が残存する傾向がある、このため、北奥地方や沖縄・南九州に類似した語形が保存される、と説明している。

同じく中本正智氏（一九八五）も「文化と言語の動きをみると、強文化圏では言語が新しく生まれ、周辺の弱文化域では古層を残しやすい。東北と琉球のように地理的に遠く離れても、古層同士で類似した語形を認めることが多い」としている。

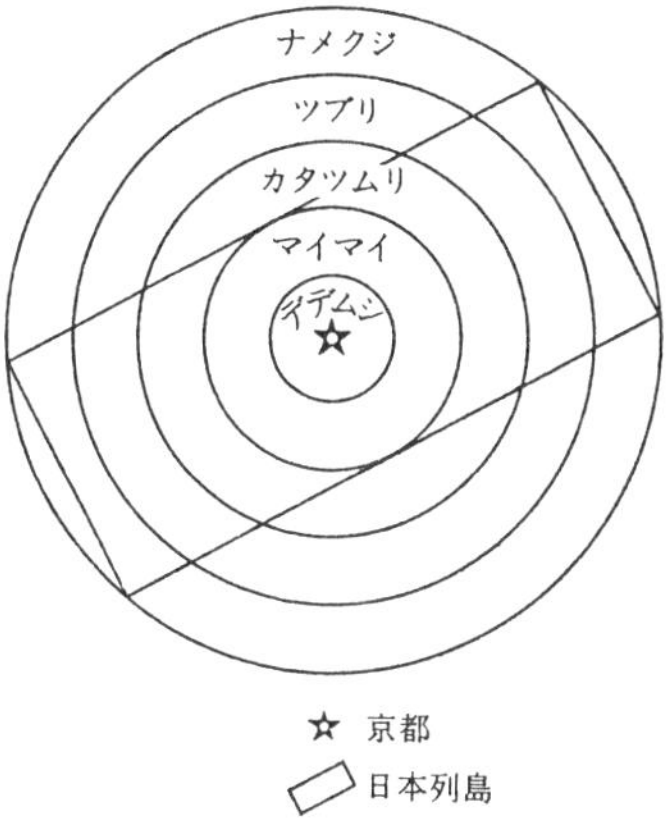

蝸牛考図
（柳田国男『蝸牛考』岩波文庫、柴田武解説224頁より）

しかし、この方言周圏論に対して反論や修正説もある。それは地方によって独自の語形を生み出すことがあるからである。たとえば、「牛」であるが、東北地方では「ベコ」と呼ばれている。関東以西沖縄を含めおしなべて「ウシ」である。「ベコ」は「ベー」という牛の鳴き声に愛小辞の「コ」がついたもので、「猫」の「ネコ」も同じであると、金一田京助氏（一九三八）は注解している。この「ベコ」はアイヌ語に借用されている。

3　カオとツラ

方言周圏論の主旨と一致する語として「顔」がある。「顔」は「カオ」と「ツラ」二様の言い方がある。『日本言語地図』（国立国語研究所、一九六八）の一〇六図によれば、「カオ」（古くはカホ）は日本の中央部、すなわち近畿、中国、四国で用いられているが、東北地方一帯と九州南部は同じく「ツラ」である。しかも、沖縄本島では「チラ」と呼ばれている。

なお、関東や近畿の一部ではツラとカオが共存している。とにかく、方言周圏論に照らし合わせれば、「ツラ」もしくは「チラ」の方が「カホ」よりも古い語形と考えてよいだろう。ツラとチラを比べると、沖縄では「ツ」が「チ」に変わっているので、「ツラ」［*tsura］が原形と推定することができる。沖縄本島の南に位置する宮古島では、「顔」は「ミパナ」と言われている。これは「メハナ」（目鼻）から出たものであるし、八重山方言の「ウムティ」は「オモテ」（面）から発したものである。

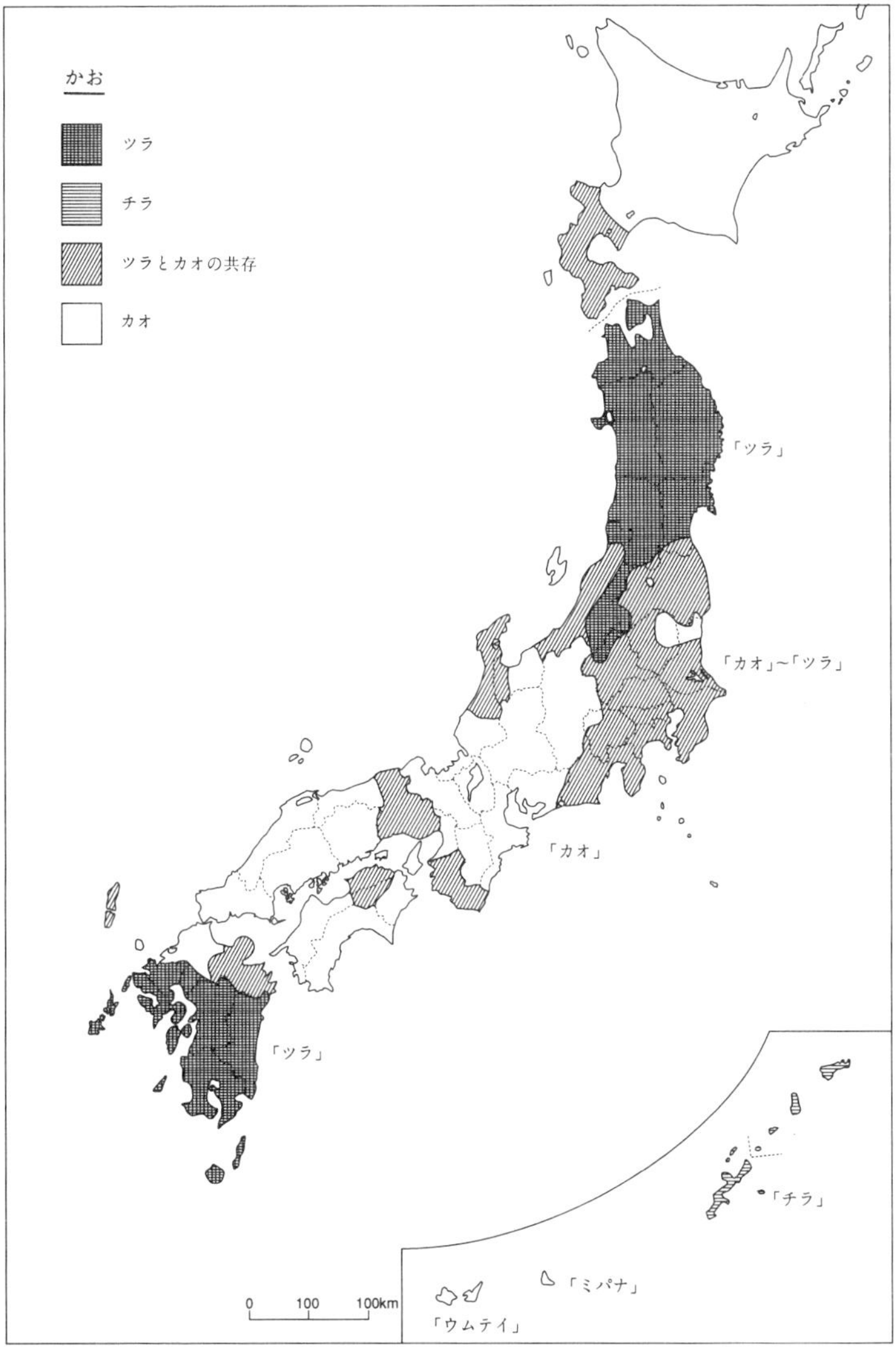
かお
ツラ
チラ
ツラとカオの共存
カオ
「ツラ」
「カオ」〜「ツラ」
「カオ」
「ツラ」
「チラ」
「ミパナ」
「ウムテイ」
0 100 100km

とにかく、「ツラ」「チラ」は形質的に縄文人の直流と考えられる人たちの居住する地域でつかわれているから縄文語と見なすことができよう。すると「カホ」は弥生語に相当することになる。琉球の古歌謡『おもろさうし』（一五三一〜一六二三）に「御顔」を「みかお」「みかを」と表記しているが、「顔」は、

「かぽ」[kapo]>「かほ」[kaΦo]>「かを」[kawo]>「かお」[kao]

という音声変化を受けているから、「かを」「かお」は比較的新しい語形である。中本正智氏（一九八一）も「琉球のカオ系とオモテ系は一五世紀前後に沖縄中南部を中心に使われた比較的新しい層であった」と推察している。

「かお」と似た分布を示すものに「とんぼ」がある。「とんぼ」の方言形は多種多様であるが、これらをまとめていくと、やはり方言周圏論にすっぽり納まるばかりでなく、縄文語の実態にせまる有力な手がかりを与えてくれる。

4　トンボの原形

トンボの古語は「蜻蛉《あきづ》」である。『日本書紀』の雄略紀に次のようなエピソードがのっている。

「猪鹿《しし》待つと我がいませばさ猪《ゐ》待つと我が立たせば手腓《たくぶら》に虻《あむ》がきつきその虻を蜻蛉《あきづ》はや嚙《く》ひ昆ふ蟲《は》も大君《おほきみ》にまつらふ汝《な》が形置かむ蜻蛉嶋倭《やまと》。」

猪を待っていると虻が飛んできて雄略天皇の腕を刺したところトンボがその虻を食い殺してくれた。虫でさえも天皇に仕えるのであるから、トンボの形を記念して「蜻蛉嶋倭」と呼ぶことにしよう、という意味であるが、語源を語る説明神話としては事柄がやや貧弱である。

とにかくトンボの古形はアキヅである。さて、トンボの方言形もまた方言周圏論の方式にはまっている。

トンボの方言分布

(東北岩手)	(本州中央部)	(九州宮崎)	(沖縄本島)
アケズ	トンボ	アケズ	アケージュー

こうした蜻蛉についての変異形の分布から「トンボ」が新しい名称で、「アケズ」が古形であることは明白である。そこで、アケズの変異形を地域別にまとめ、各地域の再構形をさらに広範囲の地域へと総括しながら、最終的な推定原形を導きだすことにしよう。地域については、以下の五群に分けて分析することになる。(1) 東北系、(2) 関東系、(3) 九州系、(4)奄美大島系、(5)琉球系。

(1) **東北系**

東北に散見する「アケツ」「アゲツ」「アケズ」「アゲズ」は次のようにまとめることができる。

(秋田南・宮城・福島西)　アケツ· [aketsüï]

アゲ゜ツ· [ag̊etsüï]

(宮城北東)　アゲツ· [agetsüï]

「アケツ̇」「アゲツ̇」の「ツ̇」はいわゆるズーズー弁の「ツ̇」で、「ツ̇」の「ウ̇」[ɯ̈]は、舌の位置が共通語の「ウ」[ɯ]よりもやや前進している。本書では仮名の右に黒い点を書き入れて、中舌のウであることを示すことにした。

　福島のアケツ̇と宮城のアゲツ̇では、清音の「ケ」[ke]と濁音の「ゲ」[ge]において相違がある。比較言語学の立場からすれば、清音と濁音の中間音「ゲ」[g̊e]を設定する。清音と濁音の中間音は音声学では半有声と呼ばれていて、音声記号の下か上に[̊]印をつけて表わされる。清音と濁音のどっちつかずの音と考えていただきたい。実は、東北弁の「ゲ̥」は正確には半有声の軽い濁音で発音されることが多いようである。基になる音にこうした半有声を設定しておけば、場合により清音「ケ」[ke]にも、濁音「げ」[ge]にも変化すると説明することができる。

　同じように、秋田南・岩手南・宮城北・山形南・福島東で広く用いられているアケズと宮城東北に見受けられるアゲズも半有声の原形を立てることができる。なお、想定形には＊印をつける決まりがある。

アケズ［akedzɯ̈］
アゲズ［agedzɯ̈］
↖↗
＊アゲズ［＊ag̊edzɯ̈］

先の原形アゲツ［＊ag̊etsɯ̈］とこの原形アゲズ［＊ag̊edzɯ̈］についても、語末部で清音「ツ」と濁音「ズ」が対立するので、これらも半有声の「ズ」［＊d̥z̥ɯ］に還元される。

さらに、秋田南・宮城南では「アケジ」［akedzï］という語形も用いられている。この「アケジ」と「アケズ」に関しては、東北方言が次のように大きく南北に分かれていることを考慮に入れる必要がある。

北奥羽（青森・秋田・山形北）「シ」［sï］、「チ」［tsï］、「ジ」［dzï］のみ。
南奥羽（岩手・宮城・山形南）「ス」［sɯ̈］、「ツ」［tsɯ̈］、「ズ」［dzɯ̈］のみ。

すなわち、北奥羽では、南奥羽の「ウ」［ɯ̈］に対し、「イ」［ï］が用いられている。「イ」［ï］は共通語の「イ」［i］よりも舌の位置がやや後退した中舌母音である。

以上をまとめると、次のようになる。

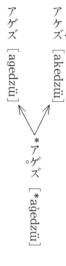

北奥羽と南奥羽の分布図

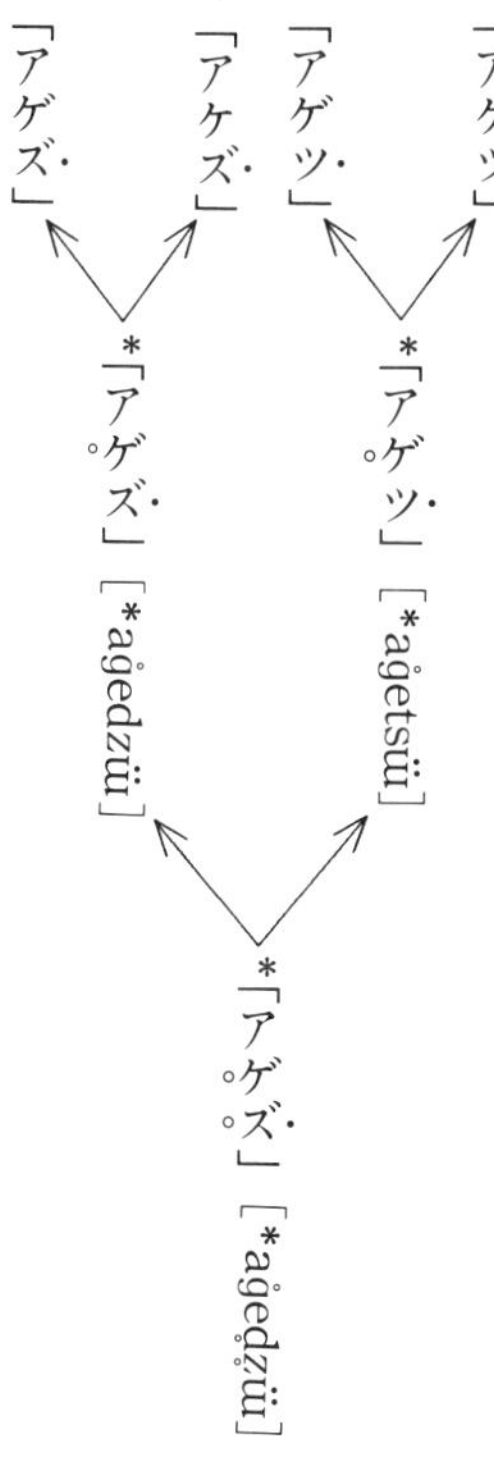

なお、「アケツ」から山形の「アケ」[ake]、宮城の「アッケ」[akke]という変異形が生まれている。

アケツ→アケ→アッケ

また、アケズ→アーケズ（岩手）という派生も見られる。

(2) 関東系

栃木県では、北部の「ケンゾ」、中部に「ケンザ」という語形が使われいる。さらに、「ゲンザンメ」とか「ゲンザンボー」という言い方もある。「ケンゾ」と「ゲンザ」の基形は半有声の「ゲ」で始まる「ゲンザ」であろう。

ケンゾ〔kenzo〕
↖
ゲ°ンザ〔*g̊enza〕
↙
ゲンザ〔genza〕

ゲンザは「アゲンザ」の頭音「ア」が落ちたものと説明できる。

アゲンザ〔*agenza〕→ゲンザ

ついで次のような語形が派生したのであろう。

ゲンザ→ゲンザン→ゲンザンボー

ここでは、ゲンザ［genza］に「ンザ」［nza］という結合があることに留意する必要がある。というのは、ここに含まれている「ン」［n］の要素が他の方言にも出現するからである。

(3) 九州系

九州では「アケズ」［akedzu］が宮崎南で用いられている。鹿児島には「アケシ」「アケソ」「ケージョー」という語形が残っている。これらには、次のような派生の過程が考えられる。

（鹿児島）ケージョー ← （宮崎）アケズ

（鹿児島）アケシ ← アケソ

アケズ［*akedzu］→（宮崎）アケズ／アケソ

(4) 奄美大島系

奄美大島では、語頭でk＞Φ＞ゼロ、という音声変化が起こっている。ファ［Φ］は両唇を近づけで摩擦音を立てる「フ」［Φu］の頭位音である。また、奄美は舌を後方へ引いた中舌の母音「エ・」［ë:］をもっている。

奄美のトンボ異形は「ジャ」か「ダ」でおわる二種類がある。

「エーザン」←「フェーザ」←「フェザ」（名瀬）
［ëëdzaɴ］［Φëëdza］［Φëdza］

「エーダ」←「フェーダ」←「フェダ」
［ëëda］［Φëëda］［Φëda］

他に「エンダ」［ënda］という語形がある。

これは、「エンダ」←「*フェンダ」のように「フェンダ」から生じたはずであるから、フェザの「ザ」とフェンダの「ンダ」を組み合わせた「ンザ」［*^{n}dza］という基形を設定しておくとよい。これは「ダ」の直前に軽い鼻音がともなうことを意味している。これから、「フェザ」と「フェンダ」の両方を導きだすことができる。

「フェザ」←「フェンザ」［*Φë^{n}dza］→「フェンダ」

とにかく、奄美では「アケンザ」→「ケンザ」→「ケザ」というように語頭の「ア」が脱落し、次の「ケ」が「フエ」に変化している。すなわち、次のような変化が考えられる。

フエンザ←*(ア)ケンザ［*(a)kë^{n}dza］

(5) 沖縄本島系

沖縄本島には「アケージュー」を中心に実にさまざまな変異形がある。まず、北の「アケージャ」と南の「アケージュー」の二群に分けることができる。

(a) アケージュー系

ここでは、「アケジュ」と「アケズ」に分けて、派生の過程を追いかけてみよう。

(1) アケジュ［akedʒu］→アケージュ→アケージュー→アーケージュー→アーッケージュー

(2)　アケズ [akedzu]
→ アカズー
→ アケーズー

「アケジュ」と「アケズ」の末尾において、「ジュ」[dʒu] と「ズ」[dzu] の共通要素は「ヅ」[du] であるから、両形は次のように導きだされる。

*アケヅ [*akedu]
→ アケズ [akedzu]
→ アケジュ [akedʒu]

(b) **アケージャ系**

ついで沖縄北部のアケージャ系であるが、次のような母音の引き延ばしが見られる。

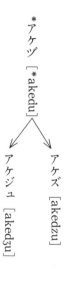

(1)

アケジャ [akedʒa]
- → アケージャ
  - → アケーダ → アケーラ
  - → アッケージャ → アーケージャ
- → アケージ [akeedʒi]

ところが、アケジャと並んで「アケンジャ」という語形がある。後者は鼻音「ン」を含んでいるから、先に述べたように、**鼻音化**でまとめることができる。

(2)

*アケンジャ [*ake^{n}dʒa]
- → アケジャ [akedʒa]
- → アケンジャ [akendʒa]

かくて、北方基形の「*アケンジャ」と南方基形の「*アケヅ」を合体させると、沖縄基形が得られる段取りとなる。

*アケンヅ［*ake^{n}du］
→ *アケヅ［*akedu］
→ *アケンジャ［*ake^{n}dʒa］

(6) 石垣・与那国系

石垣（多良間）アケージ［akeezï］
与那国（西表島）アギダン［agidan］
*アゲ゜ズ［*ag̊edzu］ → アケージ［akeezï］／アギダン［agidan］

沖縄基形の「アケンズ」を参照し、前半の「アケ」［ake］と「アギ」［agi］を重ね合わせて、半有声の「アゲ゜」［ag̊e］を立てておく。

では、琉球系のまとめに入ろう。

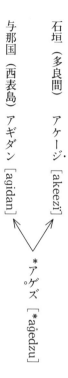

(奄美)　＊(ア)ケ̇ンザ　[＊(a)kë^{n}dza]
(沖縄)　＊アケンヅ　[＊ake^{n}du]
(石垣・与那国)　＊アゲ゜ズ　[＊ag̊edzu]
＊アゲ゜ンヅ　[＊ag̊e^{n}du]

結局、琉球基語は「アゲンズ」ということになる。
全体的にまとめる前に、東北系と関東系を合流させておこう。

(東北系)　＊アゲ゜ズ̇　[＊ag̊ẹdzü]
(関東系)　＊(ア)ゲンザ　[＊(a)genza]
＊アゲ゜ンズ̇　[＊ag̊e^{n}dzü]

古語の「アキヅ」[akidu] を西日本の代表とすれば、これを九州のアケズと結びつけて、その基形を求めることにする。

(古語) アキヅ [akidu]
(九州) アケズ [akedzu]
↖↗ *アケヅ [*akedu]

かくて、東日本、西日本、琉球を統合することができる。

(東日本) アケズ ← *アゲンズ [*ag̊e^{n}dzü]
(西日本) アキヅ ← *アケヅ [*akedu]
(琉球) *アゲンヅ [*ag̊e^{n}du]
↖↑↗ *アゲンヅ [*ag̊e^{n}du]

右のようにして、アケズの原形「アゲンヅ」が再構された。この語形こそ諸方言に分派する以前の原日本語の姿を映し出していると考えていいだろう。

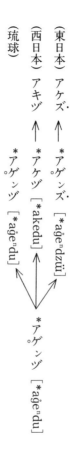

5　縄文期における原日本語

周辺言語との同系性を証明する比較方法の手がかりがつかめないとするならば、日本語は、日本列島が孤立して以来一万年の間に、この島国の中で形成されたと考えなければならない。

日本列島が大陸と地続きの時代には、大陸から固有の言語をもった種族がこの島へ渡ってきたであろう。しかし、この国土には一五万年以上前から人類が住んでいたという考古学的確証がある。とにかく、島国となった日本に縄文文化が醸成されてきた。これと歩調を合わせる形で、異質の複数言語が競合しながら次第に統一され原日本語が定立されたと推測するしかないだろう。

だが、ここに原日本語の姿をおぼろげながら垣間見ることができる。これは、比較言語学の手法によって再構された「アゲ̥ンヅ」の原形に含有されている半有声の「ゲ̥」[g̊e]や前鼻音子音「ンヅ」[ⁿdɯ]である。これらの音は理論的に設定されたものであるが、実際には、東北方言でいまも聞かれる半有声の「ゲ̥」[g̊e]や入りわたり鼻音「ンド」[ⁿd]に近似していると思われる。

すると、東北方言の子音は原日本語のすくなくとも縄文後期の音形をよく保持していると言えよう。すなわち、縄文語における語中閉鎖音は次のような対立をなしていたと推定される。

(半有声閉鎖音)　-b-　-d-　-g-

(前鼻音閉鎖音)　-^{m}b-　-^{n}d-　-^{ŋ}g-

これらに対応する具体例を東北の青森方言の中に探してみよう。

語中でのカ行、タ行、サ行の子音が濁音化する。

(カ行)：「柿」カギ[kagï]、「刷毛」ハゲ[hage]

(タ行)：「旗」ハダ[hada]、「的」マド[mado]

(サ行)：「土」チジ[tsïdzï]

語中のダ行、ザ行、バ行の子音は前鼻音を伴う。

(ダ行)：「肌」ハンダ[ha^{n}da]、「窓」マンド[ma^{n}do]

(ザ行)：「地図」チンジ[tsï^{n}dzï]

(バ行)：「渋」シンブ[sï^{m}büï]

東北方言には、さらにもう一つの大きな特色がある。それは「母音の中舌化」と呼ばれている現象で、母音の「イ」と「ウ」において舌面の前進もしくは後退が起こっている。

母音「イ」［i］の舌面がやや後退して中舌化した「イ」［ï］となる。

母音「ウ」［ɯ］の舌面がやや前進して中舌化した「ウ」［ɯ̈］となる。

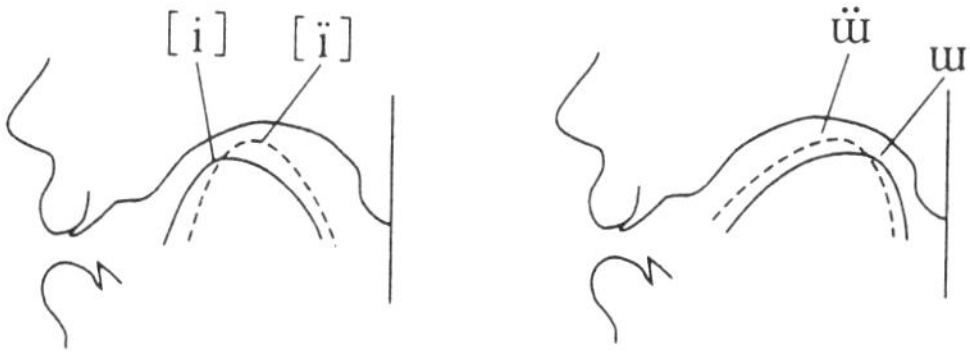

中舌［ɯ̈］　中舌［ï］

母音の中舌化の図

このために、シとス、チとツ、ジとズの区別が失われ、ズーズー弁の異名をとることとなった。

「煤」スス、「鮨」スシ、「獅子」シシは北奥羽ではいずれも同音の「シシ」[sïsï]に、南奥羽では同音の「スス」[sɯ̈sɯ̈]になる。

「土」ツチ、「乳」チチ、「父」チチは北奥羽ではいずれも同音の「チチ」[tsïtsï]に、南奥羽では同音の「ツツ」[tsɯ̈tsɯ̈]になる。

では、東北方言が縄文語として、きわめて古い状態を保持してきたと考えられる歴史的根拠を挙げてみることにしよう。

6 東北方言の歴史

埼玉県行田市の稲荷山古墳から出土した鉄剣の銘文を解読したところ、「雄略四七一年の作」という見方が有力である。このことは五世紀に大和政権の勢力が関東地方にまで波及していることを示している。

だが。坂上田村麿が征夷大将軍となって蝦夷の反乱を平定したのは八〇一年のことである。これ以前に大和政権は律令体制を整えて東北地方の支配へと乗り出している。まず、陸奥、越後、出羽の三国をもうけて、前線基地としての城柵を立て、陸奥の国には多賀城を七二四年に、出羽の国には秋田城を七六〇年に構築している。こうした政略的進出はかならずしも言語による征服を意味していない。次の奥羽越の版図の拡大図を見れば、九世紀に入っても東北北部（青森、岩手、秋田）は中央政権の勢力圏外におかれていたことが分かる。

こうした律令国家の外側の地域には、「蝦夷《えみし》」と呼ばれる人々が、山間部や海岸部では縄文文化の系譜をひく狩猟、漁労、採集をおこない、下流の平野部では西日本の弥生・古墳文化を受け入れ、稲作を営んでいたと、大方の歴史書は説明している。

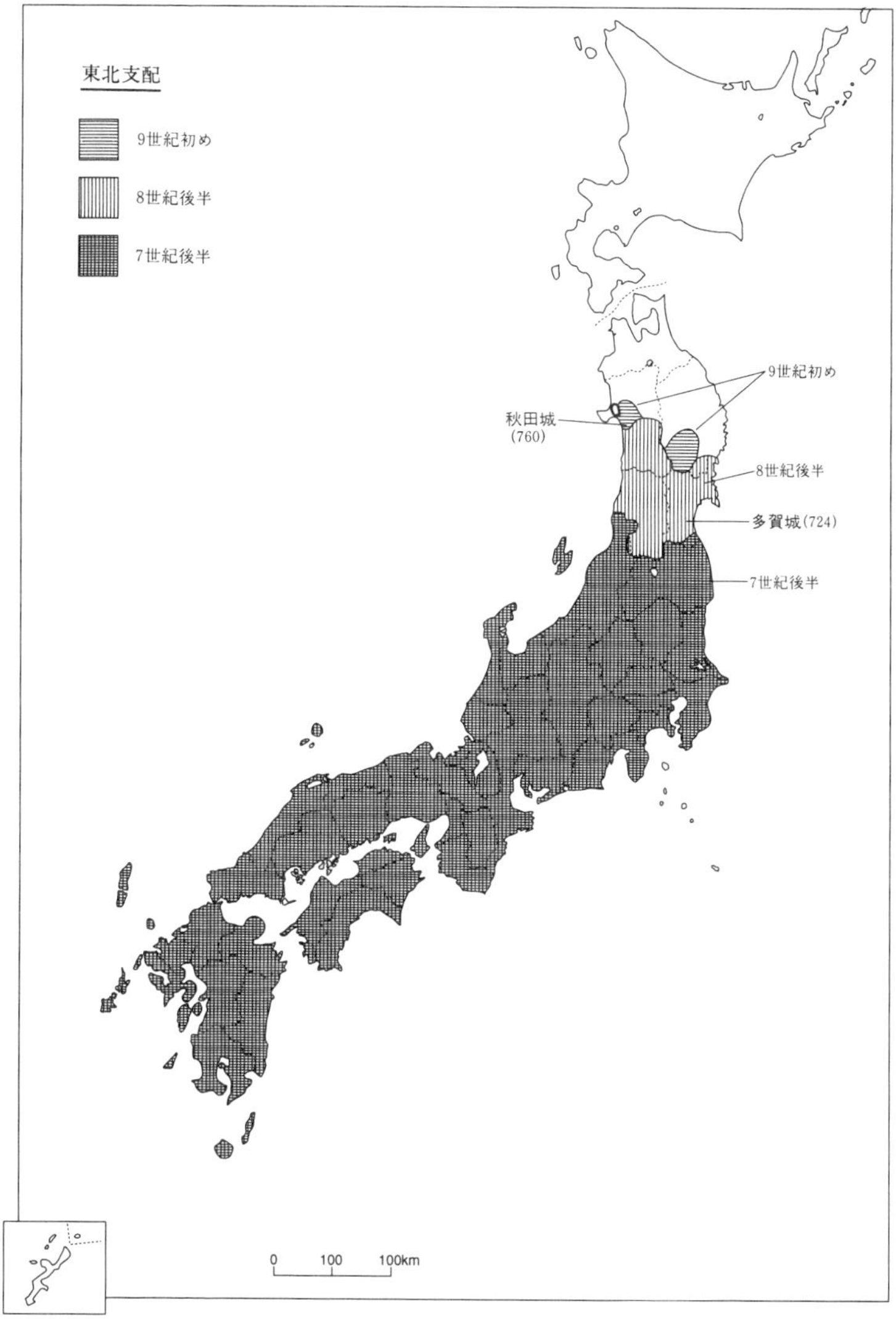
東北支配
9世紀初め
8世紀後半
7世紀後半
9世紀初め
秋田城
(760)
8世紀後半
多賀城(724)
7世紀後半
0 100 100km

しかし、中央政権の政治的版図拡大の線を追っていくと、どの程度弥生式文化が東北に浸透してきたのかその実態はあやしいものである。東北地方へは縄文晩期に稲作技法が伝わってきているが、弥生語を話す集団が多量に移住してこなければ、言語の改変は果たせない。しかし、そうした移住の事実を歴史的記録の中に読みとることはできない。

とにかく九世紀に入ると律令制度に基づく未開地の王化政策は停頓してしまい、一一世紀に安倍氏が陸奥に、清原氏が出羽に出現し、源氏の武士団を前九年と後三年の役（一〇五一〜八七）と奥州での紛争に引きこむことになるが、中央政府が慰撫の目標としていた山北三郡（秋田南部）、奥六郡（岩手南部）の背後にある青森県と岩手県北部に相当する地域はいまだ手つかずの状態であった。

その後、奥州藤原氏三代の治世が中央から独立した形で一〇〇年ほど続くのである。そして、源頼朝が奥州征伐に兵を従え、藤原泰衡を倒したのは一一八九年である。以後、東北地方は中央における政権の興亡からは常にその圏外におかれていた。また、戦国時代と江戸時代にあっては、大名による地方分権的政治支配の下で、各方言はかえって固定化してしまい、民衆の言語を改変する政策がおこなわれた様子はまったくない。

新井白石も『藩翰譜』（一七〇一）の中で、南部藩の武士の使う言葉を聞いて、戦場では勇猛の誉れ高いが、「物云ひ、鼻よりうめき出て、世の人、聞き分くべきとも覚えぬ」と、まるで異界の生物であるかのように記している。

北九州に発した弥生語は、軍事的勢力を背景に近畿地方を占拠し、ついで東へと勢いを拡張してきたが、ついに東北の地へ直接入りこむことはできなかったのではないだろうか。要するに、東北地方の言語、すなわち東北弁が弥生語に制圧されたとは考えられないように思える。いや、東北弁は縄文語の子孫として脈々と語り伝えられてきたと見なすのが至当であろう。

さて、東北方言を縄文語の直流と認めても、その他の地域では縄文語がどのような変革を受けたか、その実情に迫っていきたいと思う。

7　東北方言の特徴と分布

ここで、東北方言の特徴を改めて確認しておこう。

(1) 母音

(a) 語頭では、母音の「イ」と「エ」が合体して、その中間音が用いられる。共通語の「エ」[e]よりも舌の位置がやや高めの「エ̣」[ẹ]で、「イ」とも「エ」とも聞こえる。たとえば、「息」イキも「駅」エキもともに「エ̣ギ」[ẹgï]となる。

(b) 舌の位置が少し後退した中舌の「イ」[ï] と舌の位置が少し前進した中舌の「ウ」[ɯ̈] をもっている。

(2) (1) 北奥羽では、「シ」「チ」「ジ」と中舌のイが使用となる。

(2) 南奥羽では、「ス」「ツ」「ズ」と中舌のウが使用される。

このため、「シ・チ・ジ」と「ス・ツ・ズ」の区別が失われる。

(2) 子音

(a) 語中では、カ行音とタ行音が濁音（有声）化する。例：「赤」アガ[aga]、「底」ソゴ[sogo]：「肩」カダ[kada]、「跡」アド[ado]

(b) 語中のガ行音、ザ行音、ダ行音、バ行音の子音は前鼻音を帯びている。例：「篭」カンゴ[ka^{ŋ}go]、「窓」マンド[ma^{n}do]、「壁」カンベ[ka^{m}be̞]

こうした東北弁的特徴を念頭において、それぞれの特徴が全国的にどのような分布をなしているか調べてみよう。

(1) イとエの区別がない地域

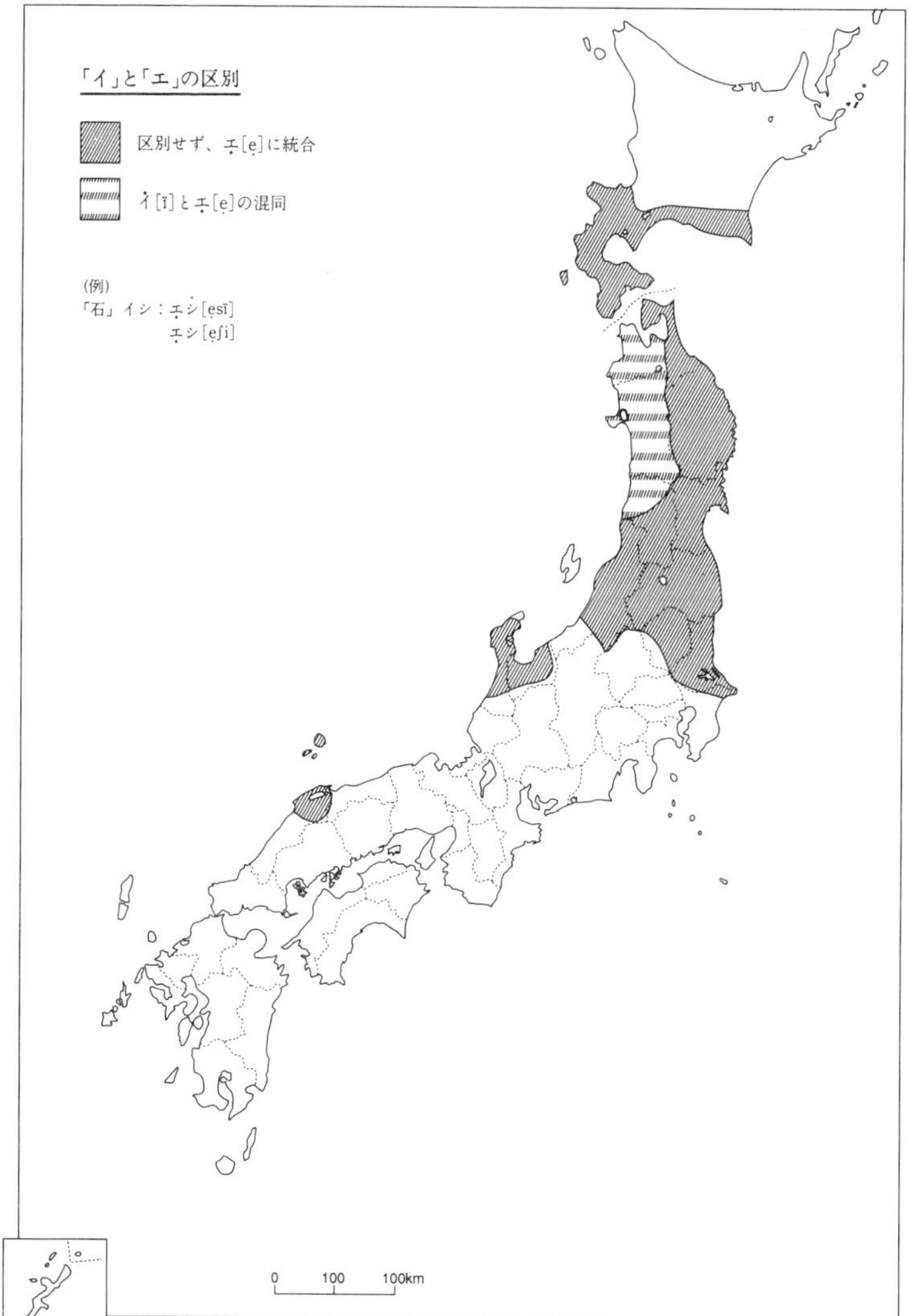
「イ」と「エ」の区別
区別せず、エ[ẹ]に統合
イ[ï]とエ[ẹ]の混同
(例)
「石」イシ：エシ[ẹsï]
エシ[ẹʃi]
0 100 100km

仙台や新潟では、「胃」イと「柄」エがともに「エ」[ẹ] となる。ここで注意すべきことは、富山と能登半島や金沢付近でもイとエの区別が失われているし、島根県の出雲でも同様な現象が見られることである。

⑵ 中舌化した「シ」[sï] と「ス」[sɯ̈] の分布

南奥羽型の「ス」[sɯ̈] に対して、北奥羽型の「シ」[sï] は青森、秋田、山形、新潟と日本海の沿岸に広がり、富山、能登と飛び石状に西へのびて出雲まで及んでいる。

いま、「石」の方言形を参照してみよう。

青森、秋田、山形北、茨城：「エシ」[ẹsï]

岩手、山形南、宮城：「エス」[ẹsɯ̈]

栃木：「イシ」[isï]

千葉：「イシ」[isï]

新潟、長野：「エシ」[ẹʃi]

出雲：「エシ」[ẹsï]

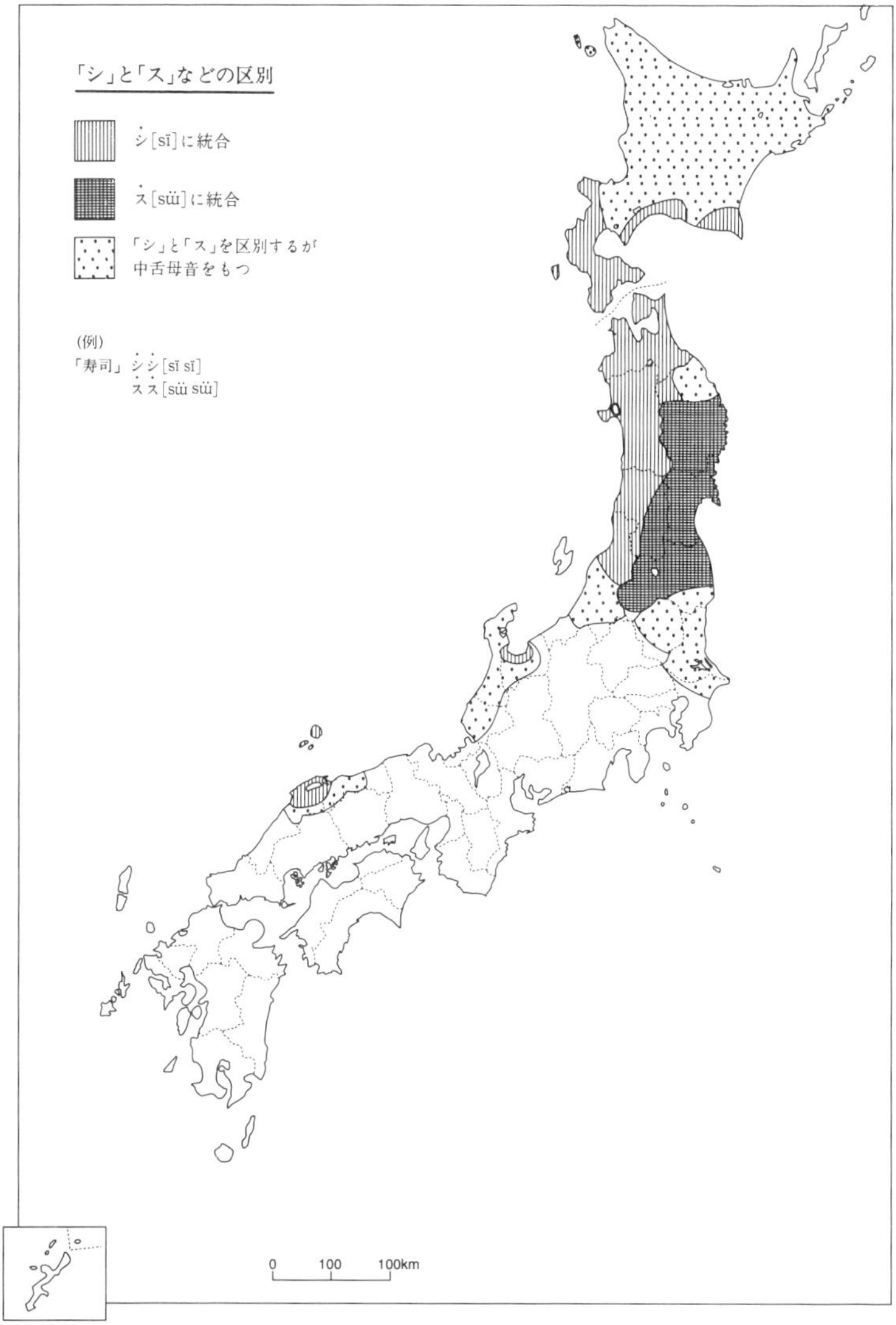
「シ」と「ス」などの区別
シ[sï]に統合
ス[sɯ̈]に統合
「シ」と「ス」を区別するが
中舌母音をもつ
(例)
「寿司」 シシ[sï sï]
スス[sɯ̈ sɯ̈]
0 100 100km

8　出雲方言の地位

出雲方言が東北系であることは疑う余地はない。

(1)　イとエの中間音「エ」[ẹ] が用いられる。

「命」エノチ[ẹnotsï]、「犬」エノ[ẹno]、「枝」エダ[ẹda]

(2)　中舌の「イ」[ï] と「ウ」[ü] をもっている。

「炭」シミ[sïmï]、「月」チクィ[tsikˢi]

「櫛」クシ[küsï]、「海」ウミ[ümï]

(3)　「シ」と「ス」、「チ」と「ツ」、「ジ」と「ズ」の区別がない。こうした音声変化を「一つ仮名」と呼んでいる。「一つ仮名」については二五二頁で説明しておく。

「乳」と「土」はともに「チチ」[tsïtsï]
「口」と「靴」はともに「クチ」[kütsï]

だが、なぜ出雲地方に東北系の方言が話されているのか、その理由について明確に論じられたことはない。大昔に東北の人々が大挙して出雲に引っ越してきたとは考えられないし、そうした移住を暗示するような記録も伝承も伝わっていない。

とすれば、出雲地方の言葉はずっと以前から東北弁の系列に属していたと推定するのが穏当であろう。しかも、出雲地方と東北地方とのつなぎとして、新潟、富山、石川県にも東北型の方言特徴が残されている。

新潟方言——新潟市を中心として、イとエの統合が見られる。

「犬」エヌ[ẹnɯ]、「息」エキ[ẹki]

富山県の沿海部——イとエとの中間音「エ」をもつ。中舌の「イ」[ï]が用いられる。

石川県の奥能登でもイとエが合体している。「井戸」エド[ẹdo]、「息」「駅」ともに「エキヒ」

[ẹk^{ç}ï] となる。スは「シ」[sï] に、ツは「チ」[tsï] に、ズは「ジ」[dzï] のように一つ仮名で発音される。

長野県では新潟県に接した長野市において、やはり、イとエが混同している。「息」「駅」ともに「エキ」[ẹki] となる。

また、北信地方の南部更埴市では、スとシ、ツとチ、ズとジの別がない。「乳」「土」「筒」はいずれも「チチ」[tsïtsï] という。

以上をまとめて考察すると、かつて日本海沿岸は北の津軽から西の出雲に至るまで東北弁が話されていたのではないかと推測される。

9　裏日本方言

上村幸雄氏は、『方言と標準語』(一九七五)の中で次のように述べている。

「いまからほぼ一万年前後から、ほぼ二千年前ぐらいまでの新石器時代に属する縄文時代の言語についてもわれわれはそれをしる手がかりをほとんどもたない。」

果たして、縄文時代の言語について「しる手がかりがほとんどない」と言い切れるだろうか。その論拠には触れていない。ここでも、弥生語の原日本語説に呪縛されているようである。しかしさらに、次のようにも述べている。

「西日本、とくに北九州における縄文時代人の言語のいずれかの方言が、歴史時代以後の日本語を形成する役割をになっていたことはひとつの可能性としてやはりかんがえられる。」

これは、服部氏の日本語系統論を下敷きにした考え方である。ついで、出雲方言の形成に言及している。

「出雲、隠岐の方言に東日本的な特徴がみいだされるということは、おそらく大和の古代国家の勢力の進展にともなう大和系の方言の分布の拡大が、出雲と隠岐とを東日本から地域的にきりはなすということによって生じたのではないか。」

これはきわめて穏当な推論である。しかし、この説明の裏をかえせば、大和系の方言の勢力拡大以前には出雲・隠岐の方言は裏日本的（はっきり言えば、東北方言）に属していたということになるであろう。この見方は縄文語の実態を探るための重要な鍵を与えてくれる。だが、残念ながら縄文語を絶滅させたとされる大和系方言の出自について明かにされていない。

これとは別に、楳垣実氏は『方言講座』第一巻（一九六三）の中で東西二大方言の構想を披瀝している。

「奥羽から新潟県東部へかけてのズーズー弁的特徴は、途中で切れてはいるが日本海岸づたいに、出雲まで続くものと認められ、それが「裏日本方言」と呼ばれている。この裏日本方言の特徴は甲種（関西型）対乙種（関東型アクセント）の差よりはるかに重要なもので、これがさらに九州南部から琉球にかけての特徴と、根本で一致するものだとすれば、日本方言を二分する特徴となる。」

甲種と乙種のアクセントについては、アクセントの項（二〇二頁）で解説しておく。

「奈良時代に見られたような東西方言の対立は、古くは裏日本的方言と表日本的方言の対立として、現在よりも広範囲に色濃く存していたもので、日本海沿岸だけでなく、関東や九州にも広く裏日本的方言が行なわれていたかと考えられる。それが表日本的方言の勢力が強まったことから、次第に裏日本的方言の地域から後退して、現在のような辺境だけに残ったと考えられる。」

日本海沿岸の裏と太平洋沿岸の表という二大方言の対立は気宇広大であるが、九州南部と琉球におけるズーズー弁的特徴がどのようなものであるか説明していない。

楳垣氏が分けた「表」と「裏」日本方言という二分法を、筆者は縄文語と弥生語の対立という構図でとらえている。関西方言で代表される弥生語をになう人々が近畿地方へ進入して大和政権を確立してから、まず先住の裏日本方言を用いる縄文人の中でも、もっとも強力な出雲の勢力の制圧に乗り出した。この事件は出雲神話に語られているばかりでなく、考古学的な裏づけも進んでいる。

筆者は、縄文晩期の時点では縄文語は裏日本方言と表日本方言それに九州方言に大別できるのではないかと考えている。また九州縄文語から琉球縄文語が分派したと推測される。そして、北九州に侵入してき渡来人が、九州縄文語を基にして弥生語を作り出したというシナリオを描いている。ここにアクセントの問題がからんでくる。九州縄文語と弥生語の成立過程については後ほど詳しく論じることにしたい（二一六—八頁）。

ここで、出雲（島根）方言と東北方言の関係を理解してもらうために、表を使って説明しておこう。縄文晩期における日本海沿岸の各県の方言を次のように地理的に表示しておく。

縄文晩期

（島根）	（鳥取）	（兵庫）	（京都）	（福井）	（石川）	（富山）	（新潟）	（山形）
縄文A	縄文B	縄文C	縄文D	縄文E	縄文F	縄文G	縄文H	縄文I

弥生期に入り大和政権が琵琶湖を北上して若狭に進出したため、京都と兵庫が弥生化し、福井、石川、鳥取の一部がその影響を受けることになった。弥生時代の後期には次のような言語情勢になったと思われる。

弥生後期

（島根）	（鳥取）	（兵庫）	（京都）	（福井）	（石川）	（富山）	（新潟）	（山形）
縄文A	縄文B	弥生	弥生	縄文E	縄文F	縄文G	縄文H	縄文I

現在では、縄文語が東北弁で代表され、弥生語は直系の関西弁となっている。

現在

（島根）	（鳥取）	（兵庫）	（京都）	（福井）	（石川）	（富山）	（新潟）	（山形）
東北A	東北B	関西	関西	東北E	東北F	東北G	東北H	東北I

点線で囲まれた部分は関西弁の勢力下にありながら東北弁的性格を保持していることを示している。

このように、日本海沿岸の旧縄文語地帯が次第に弥生語に蚕食された結果が現代のような虫食い状の方言様相を招いたことになる。そこで、「東北A」と遠く離れた「東北I」を比較し、その類似点を取り出して日本海沿岸の縄文語を復元することができると考えている。さらに、東北全体と関東一帯を包括した裏日本縄文語の再構成へと進んでいけるものと思う。ここに提示したように、現代の方言に残された特徴の分布を通して過去の言語状況とその内容を推測するのが「地域言語学」(areal linguistics) の手法である。

10　出雲神話と言語

神話伝承の面から推しても、出雲地方の言語はきわめて古いものであろう。弥生系の天孫族が畿内を占有して、次に対立したのが出雲族である。国譲り神話によれば、平和的な政治交渉によって国つ神系の出雲族が天つ神系の天孫族に屈従したことになっているが、事実は戦争による解決であったと思われる。『古事記』によれば、出雲の首長大国主の命は「国譲り」の件につき、二人の息子の意見を徴したところ、兄の事代主《ことしろぬし》の命は不本意ながら承諾している。

「貝の船を踏み傾けて、天の逆手《さかて》を青柴垣《あおしばがき》に打て成して隠りき。」

自分の乗っている船をふみかたむけ、特殊な呪能で生ずるとされるやり方の拍手をして、それを神域を示す青葉の柴垣に変化させて、その中に隠れたという。どうも自殺したように受けとられる。弟の健御名方《たけみなかた》の神は天孫側の使者と力競べしたが負けてしまい、信濃の諏訪湖まで追いつめられ、ついに同意させられている。

文化英雄オオクニヌシと祖神スサノヲを尊崇する誇り高い出雲族は、外来の天孫族に降伏しても天孫族の弥生語に同化することをいさぎよしとせず、本来の東北系縄文語を固守してきたのではないだろうか。

出雲方言については、すでに郷土学者後藤蔵四郎氏が『出雲方言考』（一九二七）の中で次のような見解を述べている。

「古代に於ける本土の語音は出雲の音の如きものであらう。そこへ都会に軽快な語音が発達し、是が拡がるに従って旧語音の区域は漸く蚕食せられ、其の旧語音が出雲越後奥羽地方の如き辺鄙に残ったものであらう。」

また、石田春昭氏は、『方言四』において、出雲風土記を手がかりに、次のような考証を行なっている。

有名な「八雲立つ出雲八重垣」の歌につづく部分であるが、

妻ゴメニ（菟磨語昧爾）『日本書紀』

妻ゴミニ（都磨碁微爾）『古事記』

「ゴメ」と「ゴミ」のように『日本書紀』と『古事記』で食い違っているが、これはゴメ[gome]における語末の母音が「エ」と「イ」の中間音であったことによると考えられる。

『古事記』によると、イザナギがスサノヲに海原の支配を任せたところ、これを拒否して、激しく泣きつづけたので、「何のゆえにか哭《なき》いさちる」と尋ねたとある。順徳院（一一九五〜一二四一）の

『八雲御鈔《やくもみしょう》』には、「いさつる」泣なり、と出ている。すなわち、「泣く」について、

イサチル『古事記』（上一段活用）「チ・チ・チル・チル・チレ」

イサツル『八雲御鈔』（上二段活用）「チ・チ・ツ・ツル・ツレ」

の二様の表記が用いられている。これは上二段活用が上一段活用に変化した事例ではなく、大和の「ツ」[tsu]の音が出雲では「チ」[tsi]と発音されていた事実を示すものであろうとしている。すると、『日本書紀』（七二〇）と『古事記』（七一二）が記録された奈良時代に、出雲では現在と変わることなく、「イ」と「エ」の中間音「エ̣」[ẹ]や中舌の「イ̈」[ï]が用いられていたと考えていいだろう。こうした母音の裏日本的特徴は縄文晩期から後期までさかのぼらせることができるのではなかろうか。

11　裏日本的母音の分布

そこで、天孫族すなわち大和系の弥生語とこれに対抗する土着の縄文語の代表ともいえる裏日本語

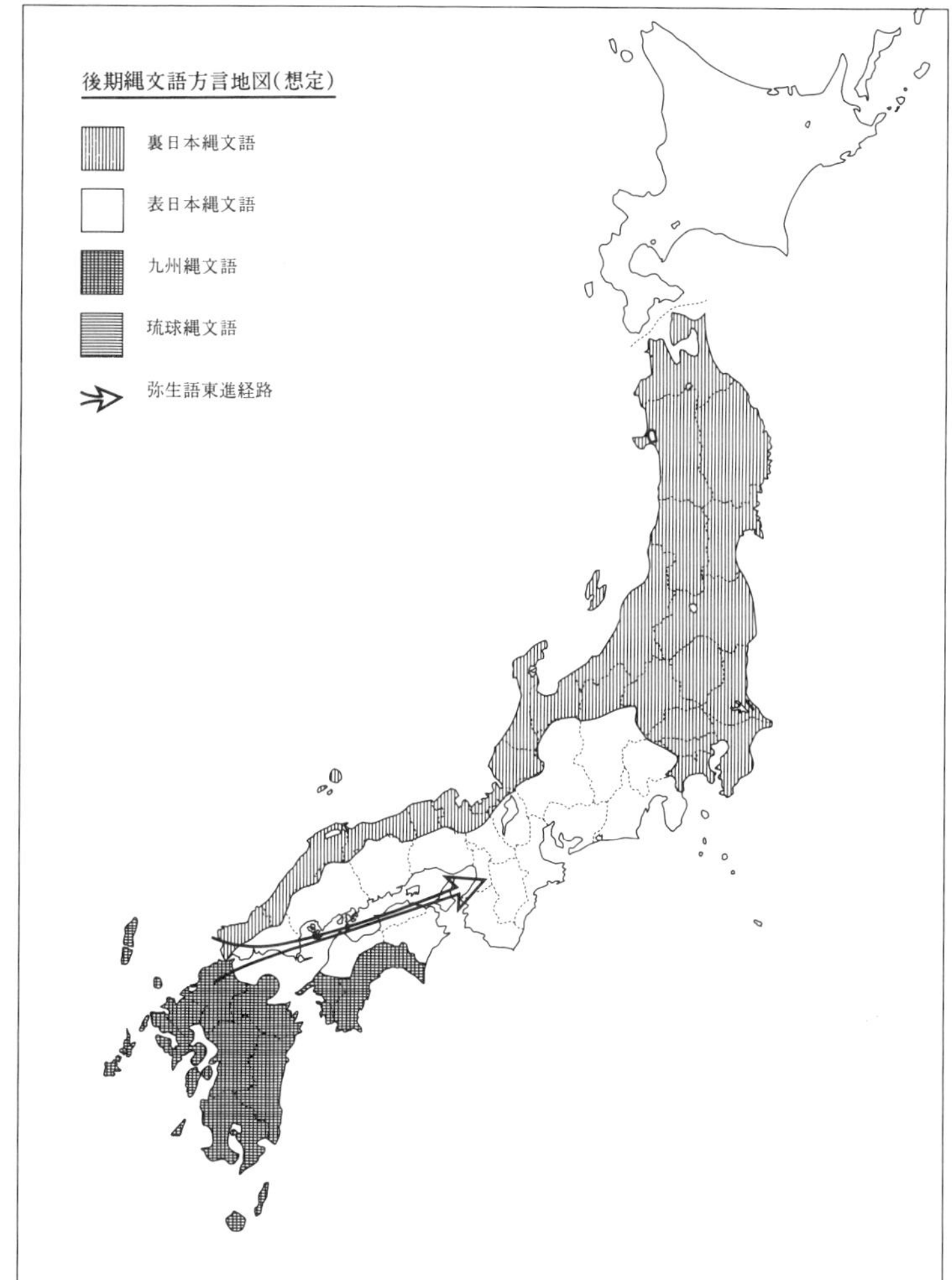
後期縄文語方言地図(想定)
裏日本縄文語
表日本縄文語
九州縄文語
琉球縄文語
弥生語東進経路
0
100
100km

は次のような全国的分布をなしていたと推定できると思う。

裏日本語は、縄文語の直流として、弥生前期において、現在よりもさらに広範囲に山陰、北陸、信濃北部と東北および関東の全域を占めていたと考えていいだろう。

奈良時代の東国方言についての資料は、日本の古代歌謡集である『万葉集』の東歌《あずまうた》や防人歌《さきもりうた》の部から拾いだすことができる。「鶏が鳴くアズマ」というように、アズマの枕詞には、「ニワトリが鳴くような」という形容句がつけられていることから、都人たちは東国方言は異様に発音されるという印象をもっていたようである。

大野晋氏は『日本語の起源』(一九五七)の中で、奈良時代の東国方言を三つのアズマという形で分類している。

(1) 第一のアズマ:箱根山より東の区域

「天地」アメツチ → アメツシ
「阿米都之(アメツシ)の何れの神を祈らばか」(万葉 四三七六)

「母父」アモチチ → アモシシ

「阿母志志（アモシシ）に言申さずて今ぞくやしけ」（万葉　四三七八）

「何方」イヅチ→イヅシ

「何豆思（イヅシ）向きてか妹が嘆かむ」（万葉　三四七四）

すでに、有坂秀世氏が『上代音韻考』（一九五五）の中で、中舌の「イ」[ï]の音は奈良時代にはいっそう広くアズマの国々で用いられていたのではないか、と述べている。現在でも、「口」クチ[kütʃï]が東北方言では「クチ」[kütsï]（山形）と言われている。この「チ」[tsï]が「シ」のように聞こえたのかもしれない。

ところが、別に次のような例がある。

「さ百合」サユリ→サユル

「筑波嶺の佐由流（サユル）の花の夜床《ゆとこ》にも哀しけ妹ぞ昼も哀しけ」（万葉　四三六九）

「月」ツキ→ツク

「今夜の都久夜（ツクヨ）霞みたるらむ」（万葉　四四八九）

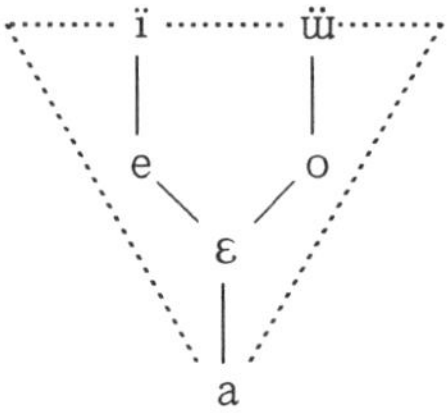

東北の中縮型

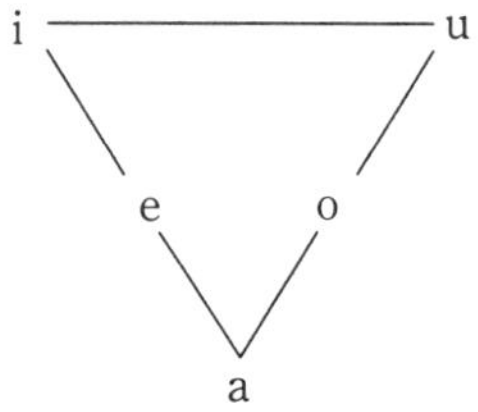

近畿の均衡型

「葦火」アシビ→アシブ
「安之布」アシビ→アシブ

これらの語では、「ユリ」→「ユル」、「ツキ」→「ツク」、「アシビ」→「アシブ」のように、イ段の母音がウ段の母音に変わっている。これは北奥羽系の中舌の「イ」[ï]が南奥羽系では中舌の「ウ」[ɯ̈]に対応するという特徴を写しているように思われる。北奥羽系の「足」「アシ」[asï]が南奥羽系では「アス」[asɯ̈]となる。こうした音声変化から推して、奈良時代において関東北部では北奥羽系の方言が、関東南部では南奥羽系の方言が話されていたことになろう。とにかく、ともに中舌母音を使用するという点で、関東全域が東北方言に属していたことは間違いないだろう。

(2) 第二のアズマ：長野県と静岡県の西の境から東の区域
(a) 「面」オモが「オメ」（モ→メ）
(b) 「蔭」カゲが「カゴ」（ゲ→ゴ）

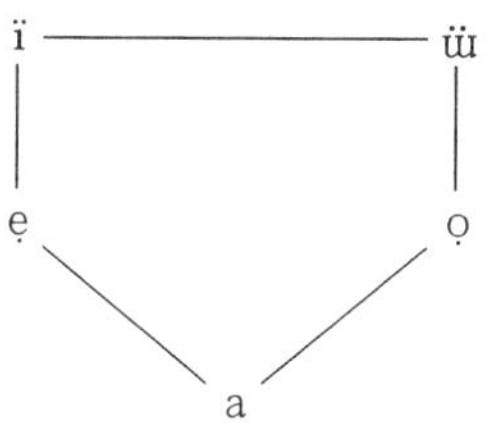

ï＝中舌のイ　ɯ̈＝中舌のウ
ẹ＝狭いエ　ọ＝狭いオ

裏日本縄文語の母音体系

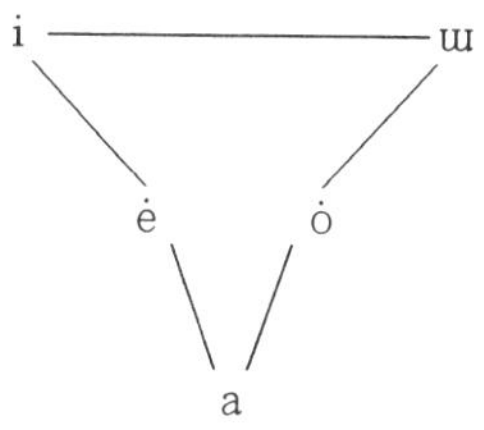

ė＝後よりのエ
ȯ＝前よりのオ

第二アズマの母音体系

(a)と(b)では母音のエとオが交替している。これは前舌のエと後舌のオが接近していたのか、母音エとオの中間音があったことを意味するのか不明である。

(3)　第三のアズマ：岐阜県と愛知県の西の境から東の区域

この地域の方言形は記録されていないが、大和からは東国方言と見なされていた。

裏日本方言の分布は見方をかえれば、中舌のイとウをもつ地域ということにもなる。そこで、裏日本方言の母音の基形を求めることにしよう。それには、中本正智氏（一九九〇）が提示している母音体系を利用すると分かりやすい。同氏は近畿方言の母音体系を「バランス型三」、東北方言の母音体系を「中縮型」と呼んでいる。

東北の中縮型の中に含まれている「広いエ」「アェ」［ɛ］であるが、これは、連母音「アイ」が短縮して生じた音である。「貝」カイ［kai］→「カェ」。

出雲方言では、「貝」は「カエ」［kaẹ］となる。

また、青森方言と出雲方言との間には次のような母音の交替が見られる。

	青森方言	出雲方言	
「犬」	エヌ[ẹnüï]	エノ[ẹno]	（ウ[üï]～オ[o]）
「虫」	ムシ[müïsï]	モシ[mosï]	（ウ[üï]～オ[o]）
「道」	ミジ[mïdzï]	メチ[mẹtüïï]	（イ[ï]～エ[ẹ]）

これはオとウの距離がきわめて近いということを意味している。すなわち、「オ」は現代のものよりもさらに口の開きが狭く、いわば、「ウ」と「オ」の中間音と見なしてもよいであろう。さて、現代の「アェ」［ɛ］音は後になって発生した音であるからこれを省いた、前頁右上のようなものが裏日本縄文語の母音体系ということになろう。

第二アヅマの母音体系は母音エとオとが接近していた場合を想定したものである。

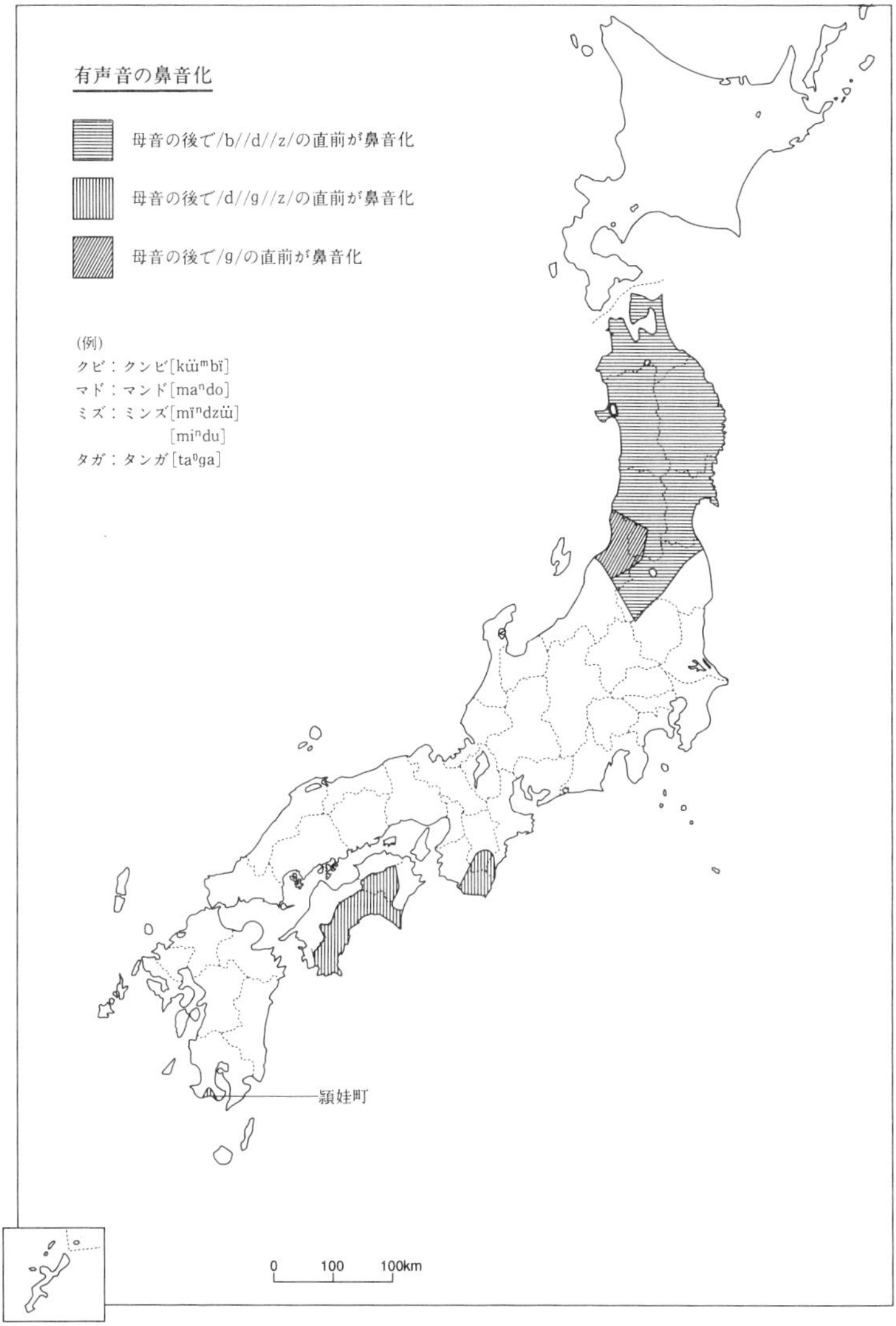
有声音の鼻音化
母音の後で/b//d//z/の直前が鼻音化
母音の後で/d//g//z/の直前が鼻音化
母音の後で/g/の直前が鼻音化
(例)
クビ：クンビ[kɯ̈^{m}bï]
マド：マンド[ma^{n}do]
ミズ：ミンズ[mï^{n}dzɯ̈]
[mi^{n}du]
タガ：タンガ[ta^{ŋ}ga]
頴娃町
0 100 100km

12 縄文語の子音

縄文語の母音として中舌母音をもつ裏日本方言の母音体系を復元したが、子音の方は有声音の鼻音化、すなわち鼻にかかる濁音に解明の鍵がある。前の濁音と鼻音化濁音の分布図を参照されたい。

たとえば、東北弁の仙台方言では、(a)語中の濁音化と、(b)濁音の鼻音化がともに生じている。

(a) 語中の濁音化：「的」マド[mado]、「箱」ハゴ[hago]

(b) 鼻音化濁音：「側」ソンバ[soᵐba]、「窓」マンド[maⁿdo]、「風」カンゼ[kaⁿdze]、「水」ミンズ[mïⁿdzüi]、「鷹」タガ[taga]、「たが」タガ[taŋa]

ところが鼻音の濁音化は高知や奈良県南部の十津川方言に見受けられる。

高知：「子供」コンドモ[koⁿdomo]、「のど」ノンド[noⁿdo]

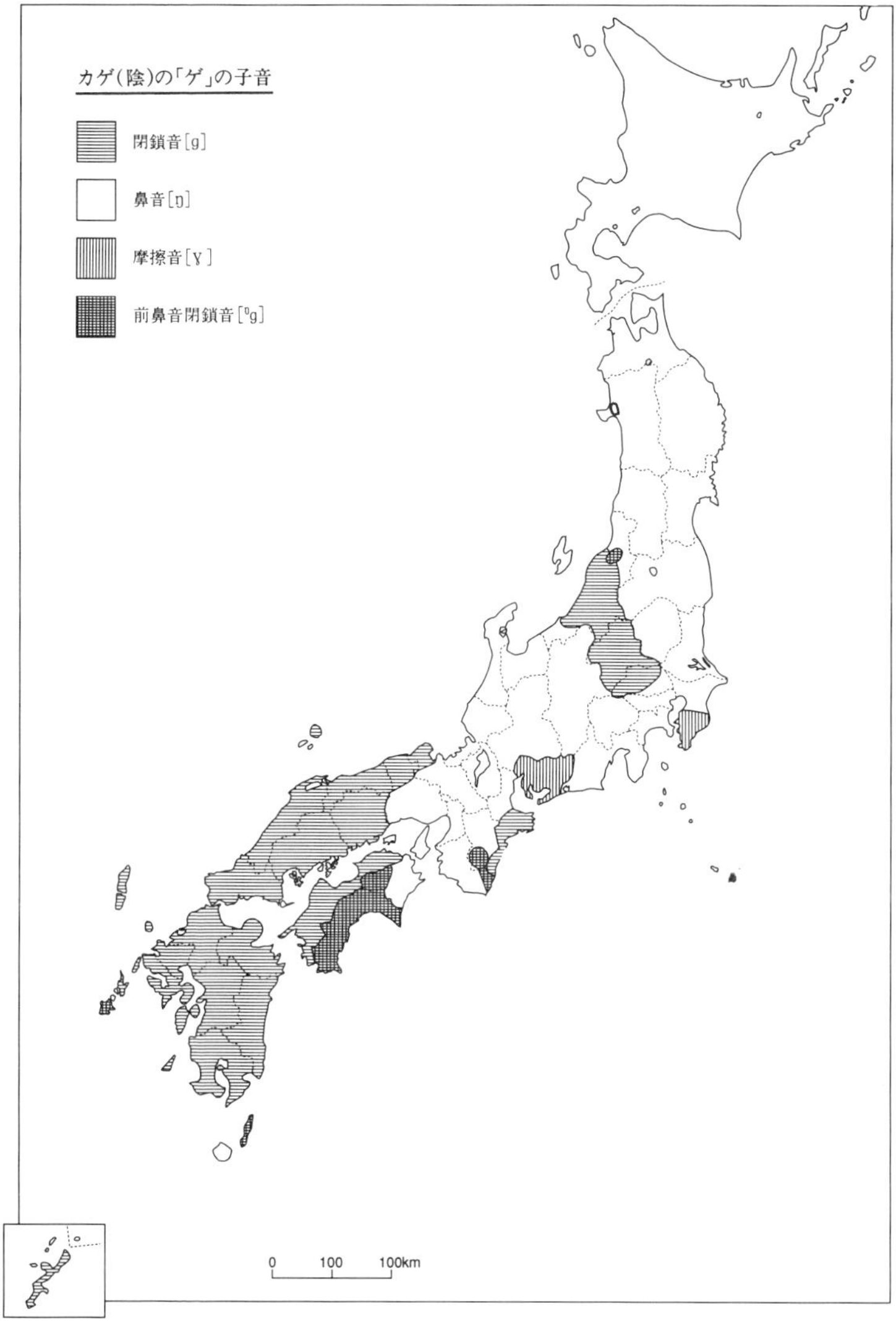
カゲ(陰)の「ゲ」の子音
閉鎖音[g]
鼻音[ŋ]
摩擦音[ɣ]
前鼻音閉鎖音[ⁿg]
0 100 100km

「あご」アンギ[a^{ŋ}gi]、「水」ミンヅ[mi^{n}d^{z}u]

ダ行とガ行の鼻音化は高知県から徳島県にかけて拡がっている。

十津川方言：「子供」コンドモ[ko^{n}domo]、「のど」ノンド[no^{n}do]

「あご」アンギ[a^{ŋ}gi]、「瘤」コンブ[ko^{m}bu]

ここでは、ダ行、ガ行それにバ行についても鼻音化が起こっている。

また、和歌山県中部でも、「兎」が「ウサンギ」[usa^{ŋ}gi]、「はげ」が「ハンゲ」[ha^{ŋ}ge]という形をとる。

こうした濁音の鼻音化は室町末期までさかのぼる現象で、ロドリゲスの『日本大文典』（一六〇四）にも次のような記述がある。

「D, Dz, G の前のあらゆる母音は、常に半分の鼻音かソンソネーテ（鼻音化記号）かを伴ってゐるやうに発音される。」即ち、鼻の中で作られて幾分か鼻音の性質を持ってゐる発音である。

例えば、mada「未だ」マンダ[ma^{n}da]、nadame「宥め」ナンダメ[na^{n}dame]

madzu「先ず」マンズ[ma^{n}dzu]、agaqu「足掻く」アンガク[a^{ŋ}gaku]

これは室町末期に京都で濁音の鼻音化が生じていたことを教えてくれる。

さらに注目すべきことは、九州は薩南半島の南端、揖宿《いぶすき》郡の頴娃《えい》町には、(a)語中での濁音化、(b)濁音の鼻音化が残っているということである。

(a)「煮た」ニタは「ニダ」[nida]、「酒」サケは「サゲ」[sage]

(b)「紐」ヒモは「ヒンボ」[çi^{m}bo]、「跡」アトは「アンド」[a^{n}do]

「男」オトコは「オンドコ」[o^{n}doko]、「箱」ハコは「ハンゴ」[ha^{ŋ}go]

ここには、「アト」>「アド」>「アンド」という変化が起こったようである。とにかく、濁音化、鼻音化は九州南端、四国の南辺、紀伊半島の南部というように、まさに西部日本の外縁をふちどっている。有声音の鼻音化は東北方言の個性的特徴であるし、これが室町時代以前に遡及する発音方法であったことから、かつて山陽、近畿、四国、九州全域にもこうした東北弁的濁音が用いられていたことを暗示しているように思える。これを補強する形で、「鏡」「カンガミ」[ka^{ŋ}gami]という鼻音化濁音の分布(『日本言語地図』第一図)を参照すると、山形、南紀、淡路島、徳島県北部、高知県全体これに五島列島、種子島まで及んでいる。

すなわち、弥生語が形成される直前のいまから二千五百年前ごろ、日本全土で東北弁を基調とした縄文語の子音が使用されていたと推測してよいではないかと思う。もちろん、当時の縄文語にも大小さまざまな方言差があったことであろう。しかし、次のような基本的特徴においては共通していたと考えられよう。

晩期縄文語の子音体系

語頭の子音（無声音）	*p-	*t-	*k-	*s-	
語中の子音（有声音）	*-b-	*-d-	*-g-	*-z-	*-r-
（前鼻音有声音）	$*\text{-}^{m}b\text{-}$	$*\text{-}^{n}d\text{-}$	$*\text{-}^{ŋ}g\text{-}$	$*\text{-}^{n}z\text{-}$	
鼻音	*m	*n			
半母音	*w	*j			

音韻論の立場からすれば、無声音が有声音と対立し、有声音が前鼻音有声音と対立するという構造をなしている。なお、縄文語では母音の無声化がいちじるしい。たとえば、「ス̥スキ」[sɯ̥ˈsuki]の場合、前の「ス」と後の「ス」を比べると、後の「ス」には有声のひびきが聞こえるが、前の「ス̥」は無声化しているので、「ウ」の母音が聞きとれない。無声母音につづく子音も無声化する。青森方言

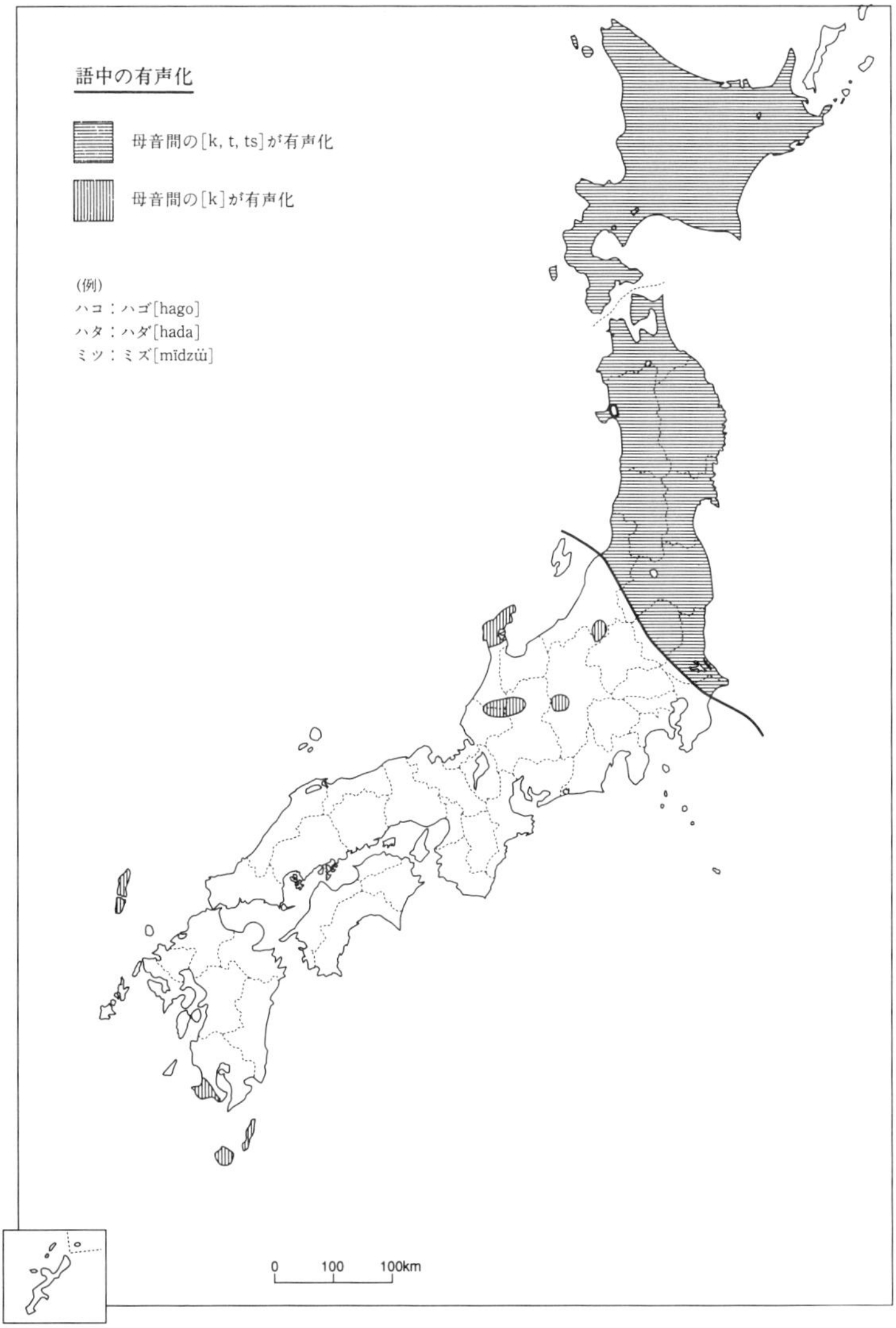
語中の有声化
母音間の[k, t, ts]が有声化
母音間の[k]が有声化
(例)
ハコ：ハゴ[hago]
ハタ：ハダ[hada]
ミツ：ミズ[mĩdzɯ̃]
0
100
100km

の「舌」は「スタ」「süïta」となり、無声子音も語中に現われることになる。

鹿児島方言における縄文語的特徴は無声化にある。たとえば、「口」も「靴」もともに「クッ」[$ku^{t˺}$]と語末の音がつまった形で発音されるが、これは、クツ[kutu]>[$ku^{t˺}$]のように、語末の母音が無声化して消えたからである。

このよに推定された子音の体系に先に推定した母音の体系を組み合わせれば、裏日本縄文語を再構できるようになる。

裏日本縄文語の基形を復元するためには東北方言すべての語形を比較検討することが望ましいが、手順がややこしいので、北奥羽代表の秋田方言と南奥羽の代表の宮城方言をかかげ、それに出雲方言も参照することにした。出雲方言は東北方言から遠距離をおいているから、比較する際に重要な意味をもつことになる。というのは、南北奥羽の方言には相互影響ということも考えられるが、出雲方言は孤立しているので、証拠としての価値が高い。以下子音の具体例をあげておく。

	秋田	宮城	出雲	再構形
「足」アシ：	アシ[asï]	アス[asïï]	アシ[asï]	*アシ[asï]
「息」イキ：	エギ[ẹgï]	エギ[ẹgï]	イキシ[ïk^{sï}ï]	*エギ[ẹgï]
「歌」ウタ：	ウダ[ïïda]	ウダ[ïïda]	オタ[ota]	*ウダ[ïïda]

「枝」エダ：	エンダ[ẹ^{n}da]	エンダ[ẹ^{n}da]	エダ[ẹda]	*エンダ[ẹ^{n}da]
「桶」オケ：	オゲ[ogẹ]	オゲ[ogẹ]	オケ[okẹ]	*オゲ[ogẹ]
「肩」カタ：	カダ[kada]	カダ[kada]	カタ[kata]	*カダ[kada]
「酒」サケ：	サゲ[sagẹ]	サゲ[sagẹ]	サケ[sakẹ]	*サゲ[sagẹ]
「玉」タマ：	タマ[tama]	タマ[tama]	タマ[tama]	*タマ[tama]
「波」ナミ：	ナミ[namï]	ナミ[namï]	ナミ[namï]	*ナミ[namï]
「鼻」ハナ：	ファナ[Φana]	ハナ[hana]	ハナ[hana]	*ファナ[Φana]
「窓」マド：	マンド[ma^{n}do]	マンド[ma^{n}do]	マド[mado]	*マンド[ma^{n}do]
「山」ヤマ：	ヤマ[jama]	ヤマ[jama]	ヤマ[jama]	*ヤマ[jama]
「輪」ワ：	ワ[wa]	ワ[wa]	ワ[wa]	*ワ[wa]
「黒」クロ：	クロ[küro]	クロ[küro]	クロ[küro]	*クロ[küro]
「首」クビ：	クンビ[kü^{m}bi]	クンビ[kü^{m}bi]	クビ[kübï]	*クンビ[kü^{m}bï]
「水」ミズ：	ミンジ[mï^{n}dzï]	ミンズ[mï^{n}dzü]	メジ[mẹ^{d}zï]	*ミンジ[mïn^{d}zï]
「影」カゲ：	カゲ[kaŋẹ]	カゲ[kaŋẹ]	カゲ[kagẹ]	*カンゲ[ka^{ŋ}gẹ]

13　蝦夷の呼称

東北住民の存在が海外に知られるようになったのは以外と古い。『日本書紀』における斉明天皇（六五九）の条の遣唐使派遣の項に、「道奥（のちの陸奥）の蝦夷男女二人を以て、唐の天子（高宗）に示せたてまつる」という記事がある。その次第はこの遣唐使一行に加わっていた伊吉博徳《いきのはかとこ》、難波男人《なにわのをひと》らの「渡航日誌」に記録されている。

使節団は二艘の船に分乗して難波を七月三日に船出し、博多へ立ち寄って東シナ海へ乗り出したが、逆風を受け一艘は南方へ流されてしまい、残る一艘がなんとか杭州湾南岸にたどり着いた。一行は十月二九日に洛陽に赴き三〇日に天子に拝謁している。そのとき高宗は遣唐使に同行した蝦夷の男女に興味をもち次のような下問があって、使者はこれに答えている。

天子　これらの蝦夷の国は、何れの方にあるぞや。
使者　国は東北《うしとら》にあり。
天子　蝦夷は幾種ぞや。

使者　類《たぐい》三種あり、遠き者を都加留《つかる》と名づけ、次の者を麁《あら》蝦夷と名つけ、近き者をば熟《にぎ》蝦夷と名く。
今此は熟蝦夷なり。歳毎に本国《やまとのくに》の朝《みかど》に入り貢《たてまつ》る。
天子　その国に五穀ありや。
使者　肉を食《くら》ひて在活《わたら》ふ。
天子　国に屋舎《やかず》ありや。
使者　なし。深山の中にして、樹の本《もと》に止住《す》む
天子　朕《われ》、蝦夷の身面《むくろかお》の異なるを見て、極理《きわま》りて喜び、怪《あやし》む。云々。

にぎ蝦夷とは時の朝廷に帰順した部族であり、あら蝦夷とはこれに反抗している部族のことであろう。そして大和政権の勢力圏外にあるのがつがる蝦夷ということになる。

この「蝦夷」の読みであるが、『日本書紀』の神武天皇紀では「愛瀰詩」（エミシ）、『日本紀私記』には「江美須」（エミス）、『釈日本紀』には「衣比須」（エヒス）と読まれている。これら「エミシ」「エミス」「エビス」という読みであるが、東北方言の音韻体系からすれば、おそらく当時「エンビシ」もしくは「エンビス」と呼ばれていたのではないかと思う。都の人はこの発音を次のように聞き取ったのではなかろうか。

エンビス・（南奥羽）[e^{m}bisüï]→エミス、エビス

エンビシ・（北奥羽）[e^{m}bisï]→エミシ

そこで、「蝦夷」に「エミス」「エミシ」「エビス」と三通りの読み方が生じたのであろう。

さて、「蝦夷」の表記については二様の解釈がある。

中国の史書『新唐書』（十世紀後半に成立）には次のような記事がある。

「天智（天皇）立つ。明年使者、蝦俠（かい）人と偕に朝す。蝦夷また海中に属す。その使者髭《ひげ》の長さ四尺ばかり、箭《や》を首に珥《さし》はさみ、人をして瓠《ひさご》を載せて立たしめ、数十歩にして射て中《あた》らざるなし。」

天智天皇即位は六六八年である。そこで、中国から蝦俠（カイ）の文字を借用したという説に対し、日本での造語と見なす立場がある。「蝦」はエビ（海老）のことであるから、エビのように長いヒゲをもち腰の曲がった「醜い野蛮人」の意をもつ蔑称とする解釈である。とにかく、「エビ」は東北弁では「エンビ」[e^{m}bi]と言う。これが「エンビス」の語幹をなしているので、「エンビス」すなわち「エビ族」は東北住民をおとしめる呼び方か、エビをトーテムとする誇りたかい部族の自称か定かで

ない。

なお、「エゾ」という呼称は平安時代に入ってから用いられるようになったが、アイヌ人を指しているようである。アイヌ語には「人」を意味する「エンチュ」(encu) という語がある。東北方言の音韻感覚から「エンズ」[ẹ^{n}dzïï] となまった発音を都人は「エゾ」と聞き取り、「エミシ」よりさらに奥地に住むアイヌ人を指す語としたのではないだろうか。

さらに、『日本書紀』の天武天皇紀に次のような人名が記されている。

伊高岐那　越蝦夷

越蝦夷というからには越(こし)の国(北陸道)に在住した人物であろう。越の住民を蝦夷としたのは、出羽(秋田)に連なる僻遠の地に暮らす蛮族と考えたのか、あるいは当時越の地域でも陸奥や出羽と同類の言語が話されているという観察から蝦夷に分類したのかもしれない。

とにかく、「エビス」という語は後世になると異国人を指示する語として用いられるようになった。

第5章　弥生語の成立

1　アクセントの型と分布

弥生語の性格を知るためには、日本全国におけるアクセントの型から検討する必要がある。そこで、アクセントの型の分布状況から説き明かすことにしよう。

〽箱根八里は馬でも越すが、越すに越されぬ大井川

という俗謡がある。江戸時代、大井川には橋も渡し船もないので、川越人足の肩に乗って川を渡ったのである。筆者は大井川の西岸にある金谷の宿が出生地である。大井川鉄道で川をさかのぼると千頭《せんず》

が終着駅となる。この辺から山境に分けいった井川は一型アクセントの地帯である。一型アクセントとは無アクセントと言ってもよく、「飴」と「雨」や、「粟」と「泡」の区別がない。

東京アクセントであれば、「箸」「ハシ」の「ハ」が高く「シ」が低い。「橋」であれば、「ハシ」と「ハ」が低く「シ」が高い。「端」も「ハシ」と「ハ」が低、「シ」が高となる。したがって、「橋」と「端」は同じく「低高」のアクセントをもつが、これに助詞「ガ」をつけるとアクセントに区別が生じてくる。

橋が長い。　ハシガナガイ。
端が長い。　ハシガナガイ。

「橋」では助詞「ガ」は低いが、「端」の方では助詞「ガ」までアクセントが高くなる。そこで、次のような呼び方が使われている。

助詞のアクセントが低いものを「起伏式」
助詞のアクセントが高くなるものを「平板式」

要するに、東京アクセントでは、二拍の語について次のようなアクセントのタイプがあることになる。

「箸」ハシガ　（四類）高低（低）
「橋」ハシガ　（二類）低高（低）
「端」ハシガ　（一類）低高（高）

これに対し、京都と大阪では、こうした語が違ったアクセントの型を担っている。

「端」ハシ　～　ハシガ　（一類）高高（高）
「橋」ハシ　～　ハシガ　（二類）高低（低）
「箸」ハシ　～　ハシガ　（四類）低低（高）
「雨」アメ　～　アメガ　（五類）低高（低）

京阪アクセントには「端」「ハシ」のように高高となったり、「箸」「ハシ」～「箸が」「ハシガ」のように助詞「ガ」を伴うと「シ」が低になり、助詞「ガ」が高となる。こうしたアクセントの交替は東京方言の話者から見るとまことに不思議である。なお、「アメ」は「メ」でアクセントの下降が起こることを示している。助詞「ガ」をつけると、「メ」が高となり、「ガ」が低になる。とにかく、京阪アクセントは東京アクセントよりもずっと複雑で、二拍の語は四つの型をもっている。なお、おおまかに、京阪アクセントを甲種アクセント、東京アクセントを乙種アクセントと呼んでいる。

さらに、鹿児島方言は、次のようにアクセント・グループを作っていて、どちらも助詞「ガ」がつくと、一拍ずつアクセントが後退していく。

「橋」ハシ　～　ハヒガ（A型）
「端」ハシ　～　ハヒガ（B型）

平山輝男氏は頭高の「橋」をA型、尾高の「端」をB型と分類している。

そこで、四つの型をもつ京阪アクセントを第一種、三つの型をもつ東京アクセントを第二種、二つの型をもつ鹿児島アクセントを第三種と分類されている。実はこれ以外にアクセントの対立をなさない第四種の一型アクセントというものがある。

一型アクセントの方言では、「橋」も「箸」も同じく「ハシ」、「雨」も「飴」も同じく「アメ」と発音され、アクセントによる意味の区別がない。

金田一春彦氏は『国語アクセントの史的研究』（一九七四）の中で、現代日本語のアクセント分布図を掲げて、次のような解説を施している。

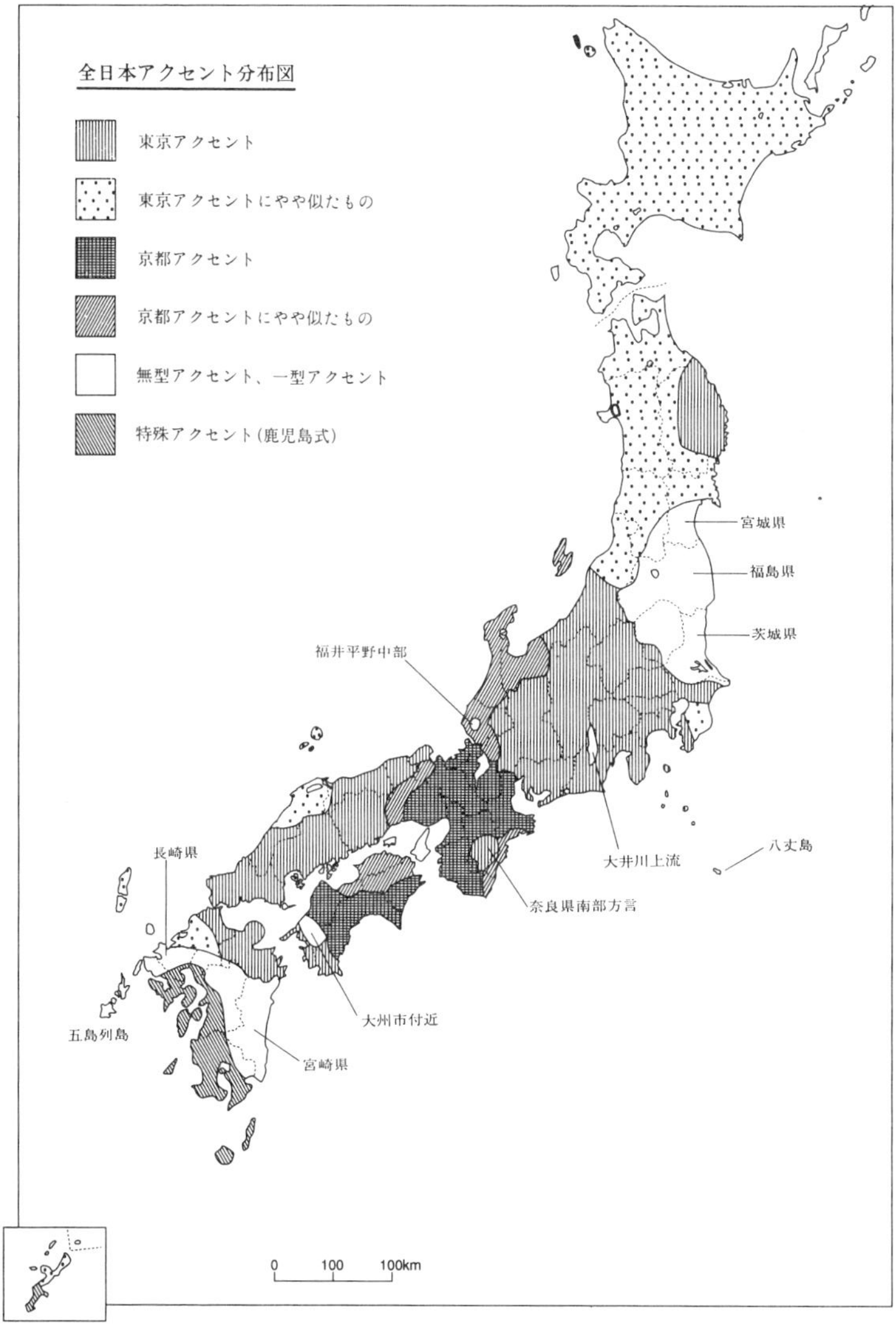
全日本アクセント分布図
東京アクセント
東京アクセントにやや似たもの
京都アクセント
京都アクセントにやや似たもの
無型アクセント、一型アクセント
特殊アクセント(鹿児島式)
宮城県
福島県
茨城県
福井平野中部
大井川上流
八丈島
長崎県
奈良県南部方言
大州市付近
五島列島
宮崎県
0
100
100km

「日本語諸方言のアクセントは、大きく言って三の類型に分けることができる。第一は、東京式、第二は京都・大阪式、第三は一型式である。

日本語諸方言のアクセントは、大部分は右の三類型のどれかに近いが、仔細に見ると多少ずつちがいがある。また少数のものが、右の二つの中間のような性格をもつ、それぞれ名前をつけてその分布を概略的に言うと、《近畿地方を内側として一番中心に京阪式方言が分布し、東京式方言がその周辺の東西南北に行われ、一型式とその他の方言が主として東京式に接して各地に間隙を縫って分布している》という情況である。」

要するに、日本語の諸アクセントは、方言周圏論の枠組みに納まる。京阪式を中核として、東京式がこれを囲み、その外側に一型式および変種のアクセント地帯が分布している。すなわち、日本の本土のアクセントは次のように、中核、内輪、外輪というような三つの層をなしている。

西　　　　　　　　　　　　　　東

一型式その他　（東京式　（京阪式）　東京式）　一型式その他

2　一型式進化論

また、金田一春彦氏は平安末期院政時代の『類聚名義抄《るいじゅみょうぎしょう》』（一二世紀前半）に記載された京都アクセントを復元したが、一部を除いて現代のものと変わりないことを突きとめている。アクセントの型は、時代を通してそうとう安定しているようである。

	（院政期）		（現代の京阪）			（現代の東京）
「石」	イシ	高低	イシ	高低	（二類）：	イシ
「足」	アシ	低低	アシ	高低	（三類）：	アシ

現代では二類と呼ばれている「高低」の「石」と三類の「低低」が合体している。

ここに「アクセントの変化は分化よりもむしろ統一へ向かう傾向がある」という大前提に立って、服部四郎氏は一型アクセントすなわち無アクセントが「原始日本語から最も甚だしい変化を遂げて出来たもの」と見るべきではないかと、述べている。

つまり、複雑なものが統合されて次第に単純化するという進化の行程を考えている。

京阪アクセント ＞ 東京アクセント ＞ 一型アクセント

平山輝男氏は『日本語音調の研究』（一九五七）の中で、「現存する一型音調は、太古から原始日本語に存在したものではなく、後世の変化によって生じたものであるということ、及び日本語音調が一型音調にもなり易い一面を持っているものであることを考えられよう」と一型進化説を唱えている。金田一氏もこれに賛同している。

要するに、日本列島で周辺部を占める一型アクセント地帯は、複雑なアクセントが単純なものへと発達したその終着点であるというのである。

だが、この一般的に認められている「アクセント進化説」には泣き所がある。

一型アクセントの地帯は大小さまざまあって、東から西へかけて拾っていくと七地点ほどになる。

(1)　奥羽南部から関東北部にかけて
(2)　伊豆八丈とその属島
(3)　東海静岡県大井川上流地方

(4) 北陸福井県福井平野地方
(5) 四国愛媛県大洲市近傍
(6) 九州、鹿児島、宮崎、熊本、大分、福岡、佐賀、長崎の諸県にわたる帯状の地方、および五島列島の大部
(7) 琉球のトカラ列島のうち宝島とその属島

東北と九州の大地域は別として、八丈島、大井川の上流、福井の一部、四国の西端、トカラ列島内といった僻地に限って、なぜアクセントの型が消滅するまで早急に進化してしまったのであろうか。いや、むしろ奥地や隔絶した島であれば複雑な古形を忠実に守っていてもよいではないか。一型進化論ではこの問題に対して説明がつかない。

もし、方言周圏論の主旨にそえば、こうした一型式の地域こそ日本語の古層をよく保存していることになるから、ここで発想を逆転させて、一型アクセントこそ縄文語の韻律的特性であると考えれば、右に示した地域こそ純朴にその特色を守り通したことになる。

3　東京アクセントの形成

無アクセントが縄文語の実態であるとすれば、複雑な京阪アクセントは弥生語の特徴と見なすことになろう。そして、近畿地方から拡大進出する弥生語に反応して東京式のアクセントが発生したと考えることができる。

実は、京阪アクセントと東京アクセントは組み立てがまるきり逆になっているのである。

	京阪式	東京式		
「端」	ハシ（高高）	ハシ（低高）	（一類）	他に「庭、鳥など」
「橋」	ハシ（高低）	ハシ（低高）	（二類）	他に「石、川など」
「箸」	ハシ（低高）	ハシ（高低）	（四類）	他に「松、笠など」
「雨」	アメ（低降）	アメ（高低）	（五類）	他に「猿、婿など」

京阪アクセントで高で始まる語類は東京アクセントでは低で始まるし、京阪アクセントで低で始ま

る語類は東京アクセントではきまって高となる。こうした対立をなしていては、複雑な京阪アクセントをどのような形で統合しても東京アクセントを導きだすことはできないであろう。

いま、京阪アクセントと東京アクセントの「高」●、「低」○、「降」◐という記号を使って比較してみると、その違いがはっきりしてくる。なお、(●)や(○)は助詞の「ガ」が続いた場合のアクセントの高低を表わしている。

	京都（平安末）		現代		東京
一類「端」	●●(●)	→	●●(●)	：	○●(●)
二類「橋」	●○(○)		●○(○)	：	○●(○)
三類「山」	○○(○)				
四類「箸」	○●(●)	→	○○(●)	：	●○(○)
五類「雨」	○◐(○)	→	○◐(○)		

京阪で●●「端」、●○「橋」のように高●で始まる語に対し、東京では○●と低○で起こしているし、○●「箸」、○◐「雨」のように低○で始まる語については、低を高●に改めている。

つまり、東京アクセントは、京阪アクセントに対し次のように対応してアクセント体系を形成していると考えられる。

一類　●●（●）には低○をつけて、○●（●）とする。
二類　●○（○）には低○をつけて、○●（○）とする。
四類　○○（●）には高●をつけて、●○（○）とする。

縄文語の平板な一型式○●（●）の基調アクセントから右に示したような操作により東京アクセントが生み出されたとすれば、その成立についてひとつの説明がつくことになろう。さもないと、どの類をどのように統合しても京阪アクセントから東京アクセントが形成された過程を解明することはきわめて困難である。

要するに、無アクセント地帯の話者が高文化圏の京阪アクセントと対決したとき、語頭の「高低」を「低高」と逆にして受容したことになる。すなわち、一型アクセントが京阪アクセントの影響下で東京アクセントを形成したという見方である。

京阪アクセント ∨ 東京アクセント ∧ 一型アクセント

では、京阪アクセントはどのようにして発生したのであろうか。

4 弥生語アクセントの発生

弥生語の特性の一つは複雑なアクセント体系にあるが、こうした体系は自己発生したのか、他から移入したのかのどちらかであろう。そこで、改めて京阪のアクセント体系を観察してみよう。

金田一氏の研究により、京都平安末のアクセント体系には二拍の語について五類の型のあることが明らかになった。

一類	●●	(高高)	〈高〉	ハシ「端」
二類	●○	(高低)	〈下降〉	ハシ「橋」
三類	○○	(低低)	〈低〉	アシ「足」
四類	○●	(低高)	〈上昇〉	ハシ～ハシガ「箸が」
五類	○◒	(低降)	〈上昇〉	アメ～アメガ「雨が」

これら五のタイプから、〈高〉〈低〉〈上昇〉〈下降〉という音の変動を見取ることができる。ここに中国語の四声が想起される。現代の北京語には次のような四声が認められている。

一声　「媽」mā (55)　二声　「麻」má (15)　三声　「馬」mǎ (214)　四声　「罵」mà (51)

下の括弧内に示された 1, 2, 3, 4, 5 の数字は、音の高さを低の1から高の5へと五段階に分けたものである。藤堂明保氏は『中国語音韻論』（一九五七）の中で、北京語四声を次のように抽象している。

一声（陰平）　二声（陽平）　三声（上声）　四声（去声）

こうした音の挙動はどこまでも現代北京語の声調であって、方言によって異なる声調のタイプが見受けられる。

しかし、中国の上代（漢時代）の声調はどうなっていたであろうか。中国の音韻学者王力氏の『漢語音韻学』（一九五六）によると、上代語に四声を認めているが、中古漢語（唐時代）では「平上去入」を四声と呼んでいる。「入声《にっしょう》」は「木」*muk、「葉」*jɛp、「八」*pʌt のように無声閉鎖音の -p, -t, -k で終わる語を指している。これら入声は北京語では消滅していて、「八」は pa「パー」（陰平）となっている。しかし、日本語の漢音では「ハチ」[hatʃi] というように、語末の [-t] を [-tʃi] で写している。

また、台湾の音韻学者董同龢《わ》氏は『中国語音史』（一九五五）の中で、上代の声調は平、上、去、入の四種類に見えるけれども、いまの見方からすれば、次の五種類であったと考えている。

陰平	陽平	上	去	入
―	／	∨	＼	-子音（p, t, k）

しかしながら、両人とも口をそろえて、上代においては五種類の声調が区別されていたが、声調の音価については断定できないと述べている。

とにかく、藤堂氏が抽出した四声の高、上昇、低、下降は、入声を除いて、京都平安末のアクセント体系の類別に対応しているように思われる。いま、一拍の語のアクセントを取り上げてみよう。

	（京阪）	（東京）
1）「戸」	トー（ガ）	ト（ガ）
2）「日」	ヒー（ガ）	ヒ（ガ）
3）「木」	キー 〜 キー（ガ）	キ（ガ）

京阪では「日」が「ヒー」のように母音が引き伸ばされ、⑴高、⑵下降、⑶上昇もしくは低と分類できるように思える。「木」の「キー」では末尾で声調が下がっている。すると、こうした京阪アクセントと中国語との対応から、弥生時代当初の渡来人は中国的四声を備えた言語を話していた人々ではないかという想定が生まれてくる。すなわち、渡来人は彼らの母語に不可欠な「高、低、上昇、下降」という声調を、習得している縄文語の上にかぶせて弥生語のアクセントを作り出したという見方をここに提唱したい。縄文語は本来無アクセントであったから、ここに弥生語はきわめて特異な性格を帯びるようになったと考える。

5　渡来人の言語と弥生語

形質的には、土井ケ浜で発掘された弥生人の人骨は、中国山東省で発掘されたものとよく似ているという。それはきわめて可能性の高い推定である。漢の時代に、山東省の民が朝鮮半島経由で断続的に日本へ渡来してきたのかもしれない。日本へ来入した渡来人は、当時日本で話されていた縄文語の方言を習得したに違いない。

外来者が現地の言語を習い覚える普通の方式に従って、渡来者も次のような三段階を経たことであろう。

第一世代：渡来者はコロニーを作って母国語を使用していた。周囲の縄文人とは通訳を介して接触していた。

第二世代：家庭では母国語を用い、外部では縄文語を使っていた。要するに、バイリンガルの状態にあった。

第三世代：家庭でも外部でも縄文語を話した。

こうした言語習得のプロセスは、日本人移民がアメリカに定着するまでに行なわれてきた様態である。完全に現地語をマスターするのには三世代を要する。

よく外来者と先住民の間に混合言語が形成されるという説を唱える向きもあるが、それは先住民に匹敵する量の外来者を仮定した場合にのみ可能である。渡来者の数が少ないときは、右に紹介した移民型の言語習得ということになる。逆に、渡来者の数が多量であれば、南北アメリカに見られるように、外来者の言語が先住民の言語を圧倒し、周辺部へと押しこんでしまう。

いまから二千年前に、先住民の縄文語を全国的に制圧してしまうほど多数の渡来人が押し寄せてきたという証拠はなにもなく、いまだ発見されていない。

とにかくある期間にわたって断続的に渡来民が山口県と九州北部に上陸し、青銅製や鉄製のすぐれた武器や用具を使用すれば、土着の縄文人を政治的に支配するのにさほど時間を要しなかったであろう。山口組と九州組の渡来人が合体して、強力な北九州渡来人集団が結成され、さらに協力的縄文人を吸収して大和族の中核が構成されたと考えられる。彼らが九州北部を制圧すると、やがて近畿へ向けて東征に乗り出したと思われる。そして、近畿を占有した時点で大和政権が確立するのである。

したがって、北九州集団の言語が弥生語の原形ということになろう。この原弥生語はかなり混合的成分を含んでいたようである。すなわち、山口県に上陸した渡来人は裏日本縄文語を習得し、北九州

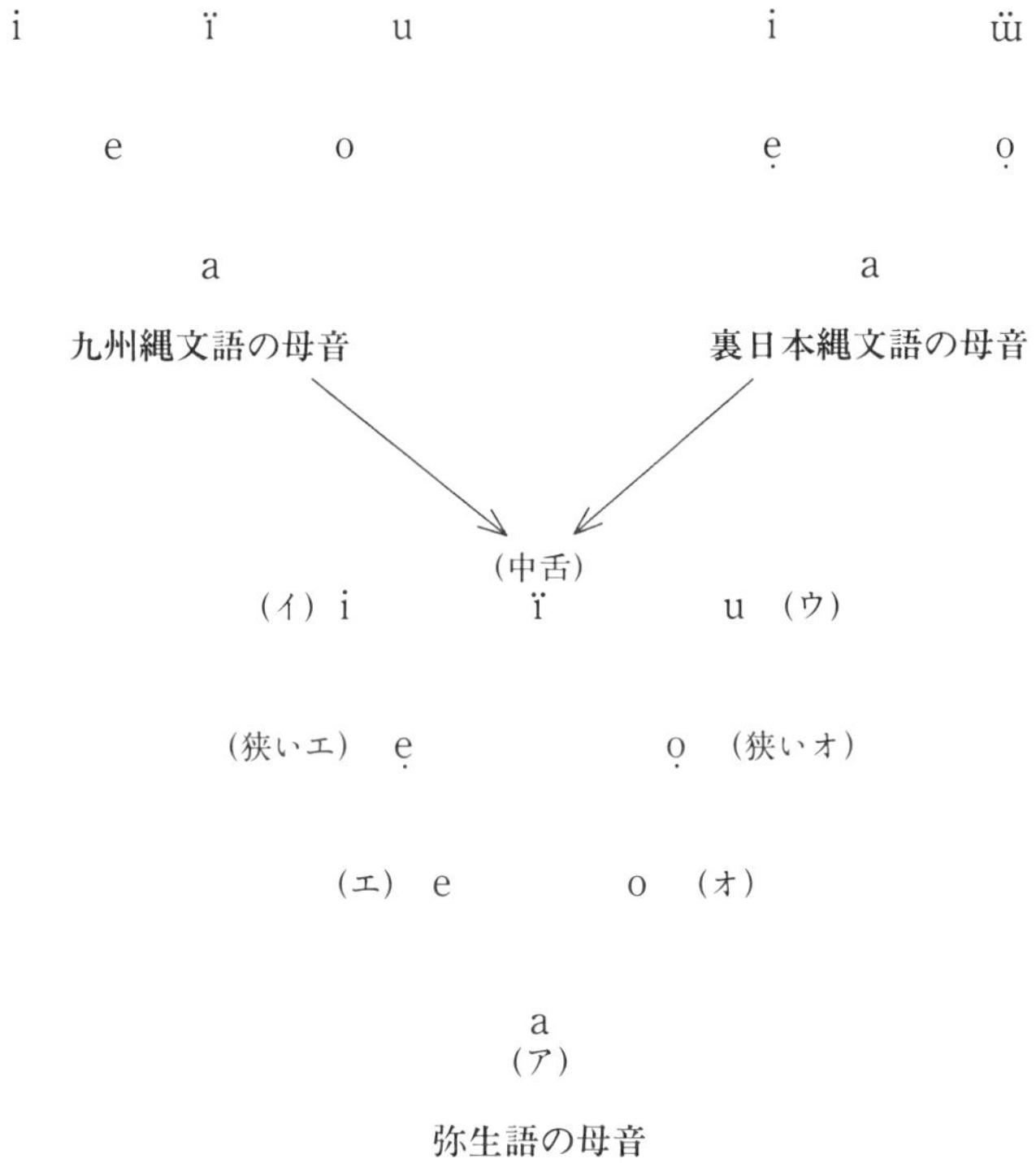
i ï u
e o
a
九州縄文語の母音
i ü̈
ẹ ọ
a
裏日本縄文語の母音
（中舌）
（イ）i ï u（ウ）
（狭いエ）ẹ ọ（狭いオ）
（エ）e o（オ）
a
（ア）
弥生語の母音

に上陸した渡来人は九州縄文語を身につけたはずである。九州縄文語は琉球語との関係において、次章で解明することになるが、これら二種の縄文語が合体して弥生語の基礎をつくり、次のような複雑な母音体系が形成されたと推測される。

中舌のイ[ï]はそのまま保存されたが、裏日本の中舌のウ[ü]は九州の平明で唇の丸めを帯びたウ[u]に置き換えられ、裏日本の狭めのエ[e·]とオ[o·]は九州の母音体系の中に包みこまれてしまった。

こうした八母音から成る弥生語について、さらに重要なことは前述したような「高、低、上昇、下降」のアクセントがこれら母音の上にかぶさったことである。

そこで、原弥生語には次のような三組の母音ペアを含むこととなった。

前舌「イ」[i](イ甲)と中舌の「イ」[ï](イ乙)
広い「エ」[e](エ甲)と狭い「エ」[e·](エ乙)
広い「オ」[o](オ甲)と狭い「オ」[o·](オ乙)

こうしたイ段、エ段、オ段で異なる母音をかかえた弥生語は奈良時代まで引き継がれてきて、いわゆる「上代特殊仮名遣」として残されたと説明することができよう。

6 上代特殊仮名遣

ここで、上代特殊仮名遣いについて触れておかなければならない。万葉仮名は漢字を用いて日本語の音を写す工夫であるが、漢字にはおのずと制限がある。漢字音が日本語の音声に似ていなければならい。たとえば、「恋ひ」は奈良時代「コヒ」と発音されていた。そこで、「コ」と「ヒ」の音を表わすのに「古非」という漢字を当てている。「古」の漢字音は当時の日本語の「コ」に相似した音であり、「非」は「ヒ」に類似した音であったことがわかる。

こうした万葉仮名の漢字を綿密に考証している間に、橋本進吉氏は漢字の使用法に二種の区別があることを発見した。実は、「恋ひ」も「乞ひ」もともに「コヒ」であるが、この二語を表わすのに異なる漢字が用いられているのである。

「恋ひ」は「古非」
「乞ひ」は「許比」

この際「古」の字を「許」の字と入れ替えるわけにはいかないのである。というのは、「古」の漢字音と「許」の漢字音を異なる音を表わしていたらしいからである。この事実に気づいた橋本氏は「古」の方を「コの甲」、「許」の方を「コの乙」と名づけて区別している。次のように別なグループの漢字が当てられている。

「コの甲」には「古、故、胡、姑、枯、固、高、庫、顧、孤」のような漢字
「コの乙」には「許、己、巨、去、居、挙、虚、據、興」のような漢字

こうした漢字の使用上の相違は「コの甲」と「コの乙」の音声の違いを表わしていると考えていい。つまり、奈良時代には二種類の「コ」があったことになる。
この区別は「コ」に限らず、次に示すような音についても取り出すことができる。

イ段では「キ、ヒ、ミ、ギ、ビ」の五音
エ段では「ケ、ヘ、メ、ゲ、ベ」の五音
オ段では「コ、ソ、ト、ノ、モ、ヨ、ロ、ゴ、ゾ、ド」の一〇音

こうした上代特殊仮名遣の内容はつぎのようであったと考える。

イ段甲：キ ki、ヒ pi、ミ mi、ギ gi、ビ bi
イ段乙：キ kï、ヒ pï、ミ mï、ギ gï、ビ bï
エ段甲：ケ ke、ヘ pe、メ me、ゲ ge、ベ be
エ段乙：ケ kẹ、ヘ pẹ、メ mẹ、ゲ gẹ、ベ bẹ
オ段甲：コ ko、ソ so、ト to、ノ no、モ mo、ヨ jo、ロ ro、ゴ go、ゾ zo、ド do
オ段乙：コ kọ、ソ sọ、ト tọ、ノ nọ、モ mọ、ヨ jọ、ロ rọ、ゴ gọ、ゾ zọ、ド dọ

こうした甲類と乙類の書き分けはイ段、エ段、オ段の音節に音声的な相違があったためであるが、これについての解釈の仕方として、いままでに四通りの説がある。

(1) 音声の違いが意味の区別に関係していたという見方。こうした音素的解釈には三の説がある。

(a) イ段、エ段、オ段にそれぞれ類似した二種の母音があった。

イ甲／i／：イ乙／ï／、エ甲／e／：エ乙／ë／、オ甲／o／：オ乙／ö／

大野晋氏その他の説。

(b) イ段乙は中舌のイ[ï]、エ段乙は狭いエ[e·]、オ段乙は狭いオ[o·]であったと考える。すなわち、乙類は東北方言の母音と同価であるとする立場。

中本正智氏（一九九〇）による見方。

(c) イ段とエ段は子音における直音と拗音の違いによる。

キ甲／ki／：キ乙／kji／、ケ甲／ke／：ケ乙／kje／。オ乙は中舌のエ／ö／であった。

服部四郎氏（一九五五）による推論。

(2) 甲乙音声の相違は語の中で占める位置によるもので、意味の区別には関係ない異音的なものである。キの甲は／kji／、キの乙は／ki／、ケの甲は／kje／、ケの乙は／ke／であろうとするのが松本克巳氏（一九七六）の見解である。

これら上代特殊仮名遣のうちで、キの甲とキの乙については、琉球諸方言に異なる対応が見られる。服部氏は『方言七』の中で、那覇方言では、キ甲とキ乙に相違が現われることに注目している。

キ甲：「着る」チン[tʃiŋ]、「聞く」チチュン[tʃitʃuŋ]　（キ甲「チ」）

キ乙：「木」キー[kiː]、「起きる」ウキーン[ʔukiːŋ]　（キ乙「キ」）

平山氏は『琉球方言の総合的研究』（一九六六）の中で次のような対応を示している。

	奄美	沖縄	宮古	八重山	与那国
「着る」の「着」（キの甲）	k^{ʔ}iri	tʃi:	k^{s}ï:	k^{s}ïsï	t'ʒi:
「木」（キの乙）	kï	ki:	ki:	ki:	ki:

中本氏（一九九〇）も「着る」の「着」（キの甲）と「起きる」の「き」（キの乙）の相違を琉球諸方言について調査している。次は沖縄本島南部の方言である。

奥武方言の例：「着ない」チラン［tʃiran］（キ甲「チ」［tʃi］）
「起きない」ウキラン［ʔukiran］（キ乙「キ」［ki］）

明らかにキの甲とキの乙の間に音声の違いが琉球方言全般において見られる。このことは琉球諸方言の祖先すなわち琉球基語にキの甲乙の別があったことを教示している。さらに、奄美、宮古、八重山の語形から推して、「キ」の母音に相違があったと考えられる。そこで、イ段とエ段について、各方言における反応を調べてみよう。

	奄美	沖縄	宮古	八重山	与那国
「雨」アメ：	アミ[ʔamï]	アミ[ʔami]	アミ[(ʔ)ami]	アミ[(ʔ)ami]	アミ[ami]
「島」シマ：	シマ[ʃima]	シマ[ʃima]	シマ[sïma]	シマ[sïma]	チマ[tʒima]

この資料から次のような図表がえられる。

	奄美	沖縄	宮古	八重山	与那国
イ段	i	i	ï	ï	i
エ段	ï		i	i	

そこで、奄美について「エ」[e] →中舌「イ」[ï]（→前舌「イ」[i]）という変化が想定されている。そうすると、「ケ」[ke] が「キ」[kï] になるから、「木」[kï] の原形は「ケ」ということになり、本土の音形と狂いがでてしまう。また、「起き」「オキ」も「オケ」となり具合がわるくなる。むしろ、古くから中舌の「イ」[ï] が存在していて、これに「エ」が合流したと考えたらどうであろうか。上の

ような矛盾はなくなるし、本土のイ段と合致する。そうなると、琉球基語が中舌の「イ̇」[ï]を保有していたことになろう。ただし、宮古と八重山の「ㇱイ̇」[ˢï]は舌面が上がり摩擦がはげしいので、その起源は別に考えなければならない。

要するに、琉球基語には二種類の前舌「イ」[i]と中舌「イ̇」[ï]があったと推定される。これは琉球基語の母胎ともいうべき九州縄文語から受け継いだものではなかろうか。このように、縄文語に中舌の「イ̇」を設定した上で、原弥生語に立ち戻ろう。裏日本方言を縄文語と見なす筆者としては中本氏の見方を受け入れたい。

原弥生語の母音

(甲) i	(乙) ï	u
(乙) ẹ		ọ (乙)
(甲) e		o (甲)
	a	

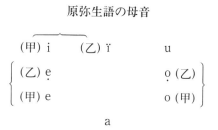

だが、中本氏は「東北方言は（イ甲）i→（イ乙）ï，（エ甲）e→（エ乙）e̤，（オ甲）o→（オ乙）ọ のように変化することによって、中縮型の母音の姿に推移した」と述べている。すなわち、東北方言が弥生語から派生したという立場に立っている。筆者は東北方言的縄文語と九州方言的縄文語から弥生語が形成されたと考えている所に決定的な相違がある。

なお、弥生語は奈良朝時代まで甲乙の区別を維持したが、やがて、甲類が乙類を収容し、現在のような五母音体系を確立することになる。

i　　　　u
　e　　o
　　a

関西方言

i　　　　ɯ
　e　　o
　　a

中部・西関東方言

中部・西関東は右側に示されたような母音体系を組んでいるが、後舌の母音「ウ」[ɯ] に唇の丸めが欠けていることは、かつてこれらの方言が裏日本方言に所属していたのではないかという疑いをいだかせる。というのは、弥生語の強力な圧力を受けてこれと同化するにあたり、古来の中舌の

「ウ·」［ɯ̈］を後方へ押しやったが、唇の丸めは固持されたという解釈が成り立つからである。このことについては、今後の追究が必要となろう。

なお、子音については、九州と裏日本では大差はなく、一八八頁に紹介したような音価をもっていたと考えられるが、これによって、連濁現象も説明できるようになる。

また、多和田真一郎氏は『沖縄語の音声と音韻に関する歴史的研究』（一九九七）の中で、沖縄語の語彙について朝鮮語で書きとめられた「語音翻訳」（一五〇一）と漢語でしたためられた『琉球館訳語』（一五世紀前半）の表記に濁音の鼻音化がうかがわれると述べている。

「筆」フディ［ɸudi］：「語音翻訳」〈phun-ti〉、『琉球館訳語』〈分帖〉

「兎」ウサジ［ʔusadʒi］：「語音翻訳」〈ʼu-san-ki〉、『琉球館訳語』〈烏撒及〉

こうした前鼻音有声音の「ンディ」［^{n}di］や「ンギ」［ŋgi］が一六世紀に存在していたならば、子音体系はまさに裏日本縄文語のものと一致することになる。

7　連濁について

ハト～コ・バト、トリ～オヤ・ドリ、クマ～コ・グマ、サル～オヤ・ザルのように、語が結合するとき、後にくる語の頭位音が清音から濁音へと交替する現象を連濁と呼んでいる。だが、トリ～コ・トリ、クマ～シロ・クマと連濁を起こさない場合もあるので、連濁について一般的な規則を見いだすことはできないが、その原因については説明が可能であると思われる。

すでに述べたように、裏日本方言の子音体系は次のようである。

語頭（清音）	語中子音				
p- > Φ- > h- hato	-p-	-t-	-k-	-s-	（清音）
t- > tori	-b-	-d-	-g-	-z-	（濁音）
k- > kuma	$-^{m}b-$	$-^{n}d-$	$-^{ŋ}g-$	$-^{n}z-$	（鼻音化濁音）
s- > saru					

裏日本方言では、語中の清音は無声化母音の後に現われる。

(岩手)「肩」カダ[kada]、「箱」ハゴ[hago]。(ただし「舌」はスタ[sï̥ta])

すなわち、原則として語中音は濁音化するが、無声化母音の後という条件の下で清音となる。

こうした子音の特質はきわめて古い縄文語の特徴と考えられる。弥生語はほぼそのまま縄文語の子音体系を受け継いだが、無声化母音をもたないため、次のような清濁と鼻音化濁音の切り替えが起こったと思われる。

	縄文語		弥生語
(1)	-b- -d- -g-	>	-p- -t- -k-
(2)	$-{}^{m}b-$ $-{}^{n}d-$ $-{}^{ŋ}g-$	>	-b- -d- -g-

(1)の変化は比較的早く起こったが、(2)の変化はかなり遅くまで引き伸ばされてきた。

こうした縄文語における語中の清音を濁音化する音声ルールが弥生

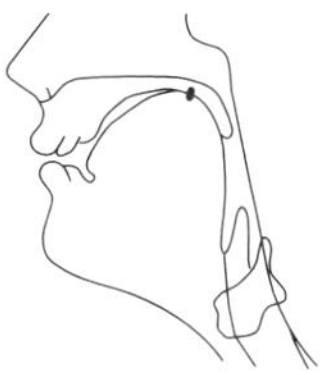

鼻音[ŋ]

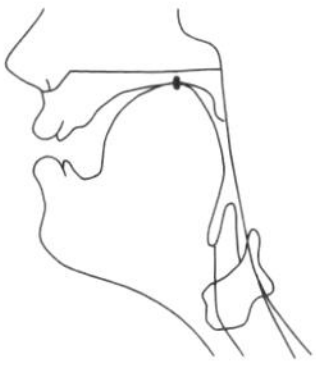

閉鎖音[g]

濁音と鼻濁音

語でも生き残ったため、語と語が結合すると、後の語の頭位の清音が濁音化するようになったのが連濁現象であろう。

また、最後にことわっておくが、鼻音化濁音と俗にいう鼻濁音とは別物である。鼻濁音は鼻音の一種であるが、濁音は有声の閉鎖音もしくは摩擦音である。口腔の奥に口から鼻へ抜ける通路の扉がある。これを閉ざすと声は口から出るので「口音」といい、この扉を開くと息が鼻へと流れこんで「鼻音」となるのである。そこで、有声閉鎖音(濁音)「ガ」[ga]と鼻濁音「カ゚」[ŋa]との調音の相違を前頁に図示しておいた。

前鼻音有声音(鼻音化濁音)では、閉鎖音の前に鼻音をともなう形で「ング」ᵑg と表記してきた。古くは「東」ヒガシを「ヒンガシ」と呼ぶこともあった。このことは前鼻音有声音、すなわち鼻音化濁音の存在を裏づけるものである。この前鼻音有声音から有声閉鎖音(濁音)と鼻音(鼻濁音)が分派している。

前鼻音有声音　*ᵑg

g(有声閉鎖音＝濁音。「ガ」[ga]の子音)

ŋ(鼻音＝鼻濁音。「カ゚」[ŋa]の子音)

これら二様の発音のいずれかが地域により用いられているが、東京方言のように両方を備えている所もある。

弥生語が成立するにあたり、以上述べたような音韻的な特色を備えたが、形態や統語の面では大方縄文語の伝統を受け継ぎ、さほど大きな変更を加えることはなかったであろう。

第6章　縄文語の形成

はじめに　縄文語の時代区分

縄文語は悠久の昔、一万年ほど前に形成されてから継承使用されてきたが、二千年前に渡来人の勢力下で変形されて弥生語を生みだすに至った。やがて、縄文語は文化語としての弥生語に制覇されて日本列島の周辺部に残存することとなった。周辺部とは東北地方と琉球列島を意味する。

そこで、縄文語の歴史を考えてみると、次のような時代区分が考えられる。

(1) 縄文語前期：縄文語が成立した時期

(2) 縄文語中期：琉球縄文語が本土縄文語から分離した時期

(3) 縄文語後期：渡来人が侵入する直前の時期（二千二百年ほど前）

縄文語後期については、いままで説明を施してきたので、縄文語中期につき考察してみたい。本土縄文語は九州縄文語と裏日本縄文語に分裂したと推測されるが、琉球縄文語が九州縄文語から派生したことはほぼ間違いないと思われる。そこで、九州縄文語を復元するためには、まず琉球縄文語の原形を探ることが必要となる。

1 琉球縄文語

琉球方言が本土から分離したのは今から千七百年ほど前であろうという仮説を、服部四郎氏が言語年代学の測定方式により算定した結果に基づいて提示していることはすでに述べた。その数値はあまりにも低すぎると思われる。もし、古墳時代に琉球方言が本土から分裂したとするならば、それ以前から琉球列島に住んでいた縄文人はどのような言葉を話していたのであろうか。

東北方言を話している人々の祖先が東北の縄文文化を完成させたことを筆者は信じて疑わない。沖縄本島には早期の縄文土器が発見されている。これらを作製あるいは携帯した先住民の言語が本土の縄文語と関係なかったとはとうてい考えられない。東北方言と琉球列島の方言とは明確な音声対応を示している。それらが共通の基語から派生したことは疑う余地がない。また、無土器の島々とされる宮古・八重山群島の言語もやはり沖縄や奄美大島の言語と質を同じくしている。

こういうことを考え合わせると、琉球方言が本土から分離したのは縄文時代のかなり早い時期のことであろうと思われる。つまり、縄文語が形成されて間もない頃であろうと想定される。しかし、その時期を特定することは今のところ困難である。

琉球列島の言語が南九州から南下したとする見解は比較言語学の立場から見て動かしがたいものがある。琉球方言が本土縄文語の分家ということであれば、分家の祖形を解明することから始めなければなるまい。

(1) 母音の変化

琉球分家の祖先にあたる言語を琉球基語と呼ぶことにするならば、琉球基語の母音は次のような体系をなしていたと考えられる。

「イ」〔·i〕の舌面が前進し、「ウ」〔u〕は唇の丸めをもつ後舌の位置にある。「エ」〔e〕と「オ」〔o〕はそれぞれ口の開きの狭い東北系のイとエに近いものであっただろう。中舌の「イ·」〔ï〕の存在はすでに言及したが、これに「ア」が加わって六母音の体系を組むことになる。

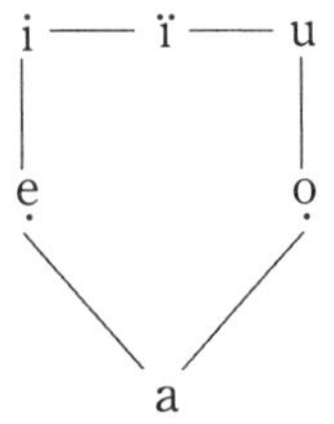

琉球基語の母音体系

琉球方言はこの狭めのエとオをめぐってさまざまな変化が引き起こされている。
たとえば、沖縄の首里方言では本土の言葉との間に次のような違いが見られる。

「目」メ：ミー[miː]、「雨」アメ：アミ[ʔami]
「音」オト：ウトゥ[ʔutu]、「沖」オキ：ウキ[ʔuki]

すなわち、「エ」→「イ」、「オ」→「ウ」のような変化が起こっている。基本的には、本土と沖縄本島の母音には次のような対応が見られる。

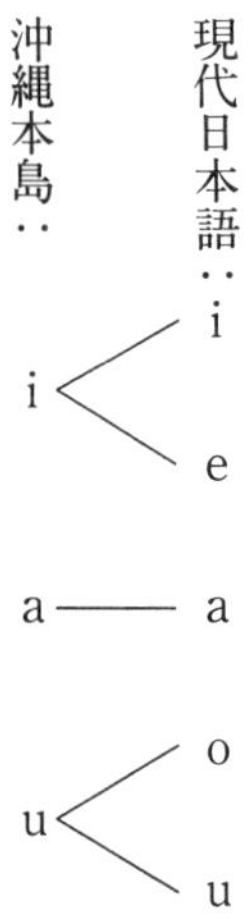

すなわち、沖縄本島では、「イ」が「エ」を吸収し、「ウ」が「オ」を引きこんで合併している。な

お、長母音に「エー」と「オー」があるが、これらは連母音から発生したものである。

（沖縄）　「前」マエは「メー」[meː]、「竿」サオは「ソー」[soː] となる。

(2) 子音の分裂

母音の「エ」と「オ」がそれぞれ「イ」と「ウ」に合体するにあたり、その痕跡を子音に残している。

中本氏（一九九〇）によれば、沖縄北部の名護では二種類の子音に現われている。

「花」ハナ　「昼」ヒル　「舟」フネ　「箆」ヘラ　「骨」ホネ

[p^{h}anaː]　[$p^{ʔ}$iru]　[$p^{ʔ}$uni]　[p^{h}ira]　[p^{h}uni]

「パㇵナー」「ッピル」「ップニ」「ピㇶラ」「プㇷニ」

[p^{h}] は軽い気音をともなうが、[$p^{ʔ}$] の方は無声でのどが緊縮する喉音化音である。

有気無声音　[p^{h}]：「パㇵ」[p^{h}a]、「ピㇶ」[p^{h}i]、「プㇷ」[p^{h}u]

喉音化無声音　[$p^{ʔ}$]　：「ッピ」[$p^{ʔ}i$]、「ップ」[$p^{ʔ}u$]

このように二種のp音があるが、これらは次のような母音と結合する。

(母音)	ア	イ	ウ	エ	オ
	[p^{h}]	[$p^{ʔ}$]	[$p^{ʔ}$]	[p^{h}]	[p^{h}]

本来の「イ」の音、本来の「ウ」の音の前では喉音化した「ップ」[$p^{ʔ}$]が立つ。

エからきた「イ」の音、オからきた「ウ」の音の前では有気の「プㇷ」[p^{h}]が立つ。

このように、「イ」と「エ」、「ウ」と「オ」の相違が前にくる子音の姿に影響を与えている場合がある。

(3)　母音の分裂

中本氏（一九九〇）によれば、奄美大島北端の佐仁方言では母音に反応が生じている。

「花」ハナ　「肘」ヒジ　「舟」フネ　「箆」ヘラ　「骨」ホネ

[pana]　[pidʒi]　[punï]　[pïra]　[punï]
「パナ」　「ピジ」　「プニ」　「ピラ」　「プニ」

ここでは、「エ」に相当する母音が中舌「イ」[ï]の形をとっている。したがって、左上のような母音体系を組むことになる。

u　o
ï　ë　a
i　e

なお、奄美大島には舌の位置が口の中央に寄った「エ」[ë]をもつ方言がある。これは連母音から発生したものである。
例：「前」マエは「メォエー」[mëː]となる。
たとえば、奄美大島の名瀬方言には次のような母音が用いられている。

「花」ハナ[hana]　「風」カジェ[kadʒe]　「雲」クム[kumu]
「雨」アミ[ʔamï]　「鳥」トゥリ[turi]　「鳩」ハト[hato]
「影」カゲ[kagë]　「地震」ネ[ne]

琉球諸方言はこのように「エ」と「オ」に対しさまざまな反応を示している。この事実は琉球基語

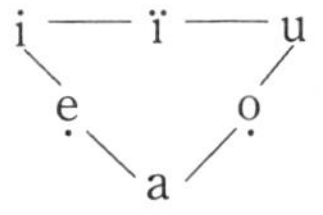

琉球基語の母音体系

に狭い「エ」と「オ」がかつて存在していたことを示唆している。すでに紹介したように、イ段に甲［i］と乙［ï］の区別について幅広い分布を見せていること（二二四頁参照）を勘案すると、琉球基語は六母音から成る三角体系をなしていたと考えられる。

(4) 琉球語の歴史

中本氏は『図説琉球語辞典』（一九八一）の中で琉球語の歴史に次のような時代区分を施している。

(1) 史前琉球語の時代（紀元前三〇〇年ごろまで）
現在の方言につながらない言語が話されていた。

(2) 原琉球語の時代（五〇〇年ごろまで）
原日本語から分岐した原琉球語が列島全域に広がる。

(3) 集落語の時代（一一八七年まで、王政以前）

(4) 地方語の時代（一四七七年まで、中央集権以前）

(5) 首里王朝語の時代（一六〇九年まで、薩摩侵入以前）
首里方言が琉球共通語として完成する。

(6)　九州語受容の時代（一八七九年まで、廃藩置県以前）
(7)　共通語受容の時代（現代まで）

(1)の時代が縄文時代に相当するから、(2)の段階で弥生語が琉球全域を制覇したと考えている。中本氏は、(1)史前琉球語の時代には「島を単位とするようなさまざまな異なる言語が話されていたとみるほうが自然であろう。中には、現代琉球語とは繫がらない言語もあったかもしれない」と注釈している。ここにも縄文時代の異質言語という思いこみが動いている。

さらに、(2)原琉球語の時代については、「稲作の開始は、単に国家形成に重要な役割を果たしたばかりでなく、より強力な言語の形成をもたらしたが、その結果として成立しながら、一つの勢力は本州を北上し、いま一つは九州から琉球列島を南下する。この南下してきた新言語を核としながら発達したのが原琉球語である」と断定している。やはり、弥生語交替仮説を根幹とした考え方によっている。

なお、九州に成立した弥生語が北上して本州を制圧し、南下して琉球語を併呑したという解説は服部氏の弥生語九州成立説に立脚するものであるが、弥生語の形成過程については何も触れていない。

だが、琉球では、本土の言語「ヤマトゥグチ」（大和口）に対し、琉球語を「ウチナグチ」（沖縄口）と呼んでいる。もし、ヤマトゥグチの弥生語が史前琉球語に入れ替わったとするならば、原琉球語もヤマトゥグチの一種ということになるはずであるから、琉球の人たちがなぜ自己の言語をウチナグチとして対立意識をもっているのか理解にくるしむ。

また、弥生語交替説により、弥生語から派生したとされている本土の各方言と奈良時代の言語との差はそれほど大きくないのに比べ、琉球列島における各方言の相違はきわめて著しい。それを海洋に散在する島々の地勢に理由づけするのも無理があるように思える。やはり、原琉球語が本土の言語から分離した時期が早かったことによると考える方が納得いくのではないだろうか。

琉球の言語社会は血縁関係で形成されている。それぞれの島における字《あざ》の構成員は縁者であり、祖先を共有しているという信仰をもっている。そこで言葉も字ごとに特徴があると言われている。島々の住民はいずれも自給自足の生活を送ってきた。それだけに方言差も大きい。こうした閉鎖的な血族社会へ外部から入りこむことは容易ではない。中本氏は琉球諸島の実相をよく心得ている人物である。

本土が弥生時代を謳歌しているとき、琉球は縄文時代晩期を迎えていた。九州南部で弥生文化に浴した有志が自発的に南島へ漕ぎだして、すべての島々へもぐりこみ言語改革という大事業を完遂したとは信じがたい。人類学者は琉球の住民を縄文人の典型と認めているのである。この縄文人の代表が古来からの縄文語を捨てて、新来の弥生語を受容したとは考えられない。むしろ、連綿として語られてきた琉球方言の中にこそ縄文語の本質が伝えられていると思われる。

上村幸雄氏(一九七五)は琉球方言の成立の時期を古墳時代以降から平安時代の中間までの間と推

定している。

「琉球方言は、音韻、文法上の特徴によって、はっきりと奄美沖縄方言と先島（宮古・八重山諸島）方言に二分されるが、このことはおそらく九州方言の南進に、すくなくとも二つの時期にかかわる新旧の波があったことを意味しているだろう」と分析して、「古い波」は先島方言を形成させた波であり、「新しい波」は平安時代に起こった波と考えている。

「こうして日本語は、おそらく、この列島における縄文文化をもっていた原住者の言語をほろぼしてしまった」と述べているが、ここには琉球列島の末端まで弥生語が縄文語を制圧したという弥生語交替の仮説が強く働いている。

平山氏（一九六六）は「奈良朝期の甲類・乙類の問題はイ段・エ段においては全琉球方言の問題にすべきであるが、オ段においては甲・乙の問題として考察の必要はないと思われる」と延べ、次のような奄美におけるエ段甲乙の語例を与えている。

エの甲「書け」：カキ［kaki］

エの乙「欠け」：ケー［kë:］

「ケー」はおそらくkakë> kaë> kë:と変化したものであろう。つまり、エの甲は「イ」［i］に、エの乙は中舌の「エ」[ë] に対応している。

すでに述べたように、イの甲乙の別は琉球方言全体に行き渡っているが、どうも他の甲乙の区別は奄美大島どまりのようである。

(奄美大島)	(沖縄諸島)	(宮古諸島)	(八重山諸島)
イの甲乙	イの甲乙	イの甲乙	イの甲乙
エの甲乙			

こうした分布は、エの甲乙で代表される弥生語の勢力が奄美大島まで達したが、沖縄諸島以南には及ばなかったことを暗示しているように思える。別な言い方をすれば、沖縄、宮古、八重山諸島の方言はよく縄文語の性格を維持していて、そのひとつにイの甲乙の区別が含まれていたと考えられるのではないだろうか。すると、イの甲乙の弁別は琉球基語に根源する特徴ということになろう。

これに対し、エの甲乙の区別は北九州で形成された弥生語の「新しい波」に洗われたものであろう。というのは、沖縄本島ではこうした差異は見あたらない。本土から琉球列島へ向けて幾重にも文化の波が押し寄せたことであろう。だが、言語の本質までも押し流してしまうような大津波が列島に襲いかかったことがあったとは思われない。もしあったとすれば、それは何時のことであろうか。先島まで及ぶ文化の波はそれはそれは長い年月を要したことであろう。

2 九州縄文語

琉球基語の母音の復元は九州縄文語の母音解明に深い関係をもっている。これは、琉球縄文語が本土から分離したとき、その母胎となっていた九州縄文語の母音と一致していたはずであるからで、この母音体系こそ現在推定することのできる最古のものといえよう。

そこで、九州縄文語と裏日本縄文語を対比させて、その新旧を論じる必要が生じてくる。

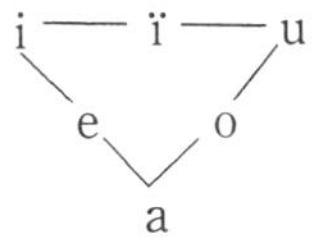

九州縄文語
(均衡型)

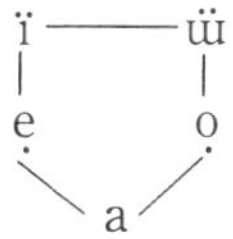

裏日本縄文語
(中縮型)

考え方としては、均衡型六母音の九州式から中縮型五母音の裏日本式が生まれたのか、逆に中縮型裏日本式が拡散して均衡型九州式になったかのいずれかである。だが、均衡型の「イ」と「エ」とが合体して狭い「エ̣」[ẹ]となり、円唇の「ウ」が前進して非円唇の「ウ̇」[ü]になったと解釈する方が、狭い「エ̣」[ẹ]が分裂して「イ」[i]と「エ」[e]になったとするよりも納得がいく。すなわち、九州型の六母音から裏日本型の五母音が派生したという見方の方が理に適っていると思われる。つまり左図のように、裏日本縄文語では九州縄文語の「イ」と「エ」が融和し、「ウ」が前方へ引き寄せられて「ウ̇」[ü]が形成されたことになる。

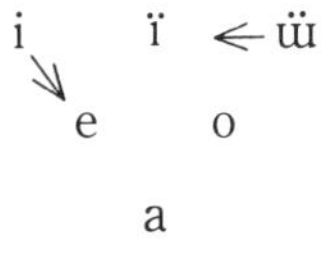

要するに、縄文時代には九州と裏日本の二大方言が東と西に対立していたと考えられる。もちろん、両方言はそれぞれ分派した小方言をかかえていたであろう。

(東) 裏日本縄文語
(西) 九州縄文語

だが、縄文時代の人口は東北と関東に集中していたから中縮型の母音体系が当時の縄文語の代表と言える。それに比べ、均衡型の九州縄文語は周辺的な立場に立たされていた。こうした関係が逆転するのは、渡来人の移住により九州型を中核にした弥生語が政治勢力の通用語となってからのことである。

子音については、東西の方言はともに次のような組織をもっていたと推測される。

（無声音）	p	t	k	s
（有声音）	b	d	g	z →
（前鼻音有声音）	^{m}b	^{n}d	^{ŋ}g	^{n}z →
（鼻音）	m	n	（ŋ）	
（接近音）	w	r	j	

しかし、矢印で示されているように、語中の有声濁音は無声の清音となり、前鼻音の濁音が鼻音性を失って単純な有声音になるという推移は、琉球縄文語においてはかなり早い時期に発生したが、本土にあっては弥生語に変身してから次第にその傾向を強めてきた。そして、現代語において完結したと言えよう。

九州縄文語の特色は均衡型の母音にある。これらの母音を子音と結合させると、/zi/, /di/, /zu/, /du/ のような音節の構成が可能となる。ここに四つ仮名の問題が起こってくる。

(1) 四つ仮名

日本に住んでいると地震の恐怖がついてまわる。現今の「ジシン」は戦前「ヂシン」と仮名をふったものである。「地」は単独で読めば「チ」であるから、これを濁音化すれば、「ヂ」となるのが理である。これを「ジ」で表記しているのは、近年「ヂ」と「ジ」の発音上の区別が失われてしまったからである。

こうした発音の混乱を懸念して、江戸時代に『蜆縮涼鼓集《けんしゅくりょうこしゅう》』（一六九五）という本まで出ている。これは「シジミ、チヂミ、スズミ、ツヅミ」という表題が示しているように、「ジ、ヂ、ズ、ヅ」の四つの仮名を弁別して発音すべきだとする主張によるものである。逆を言えば、これら四つの音の発音が混乱しているから矯正する必要に迫られていることになる。

古くは、文字とその発音において区別が守られていたのである。

「火事」カジ　「富士」フジ　「見ず」ミズ　「自身」ジシン
「舵」カヂ　「藤」フヂ　「水」ミヅ　「地震」ヂシン

ところが、江戸時代に入ると、「ヂ」→「ジ」、「ヅ」→「ズ」という融合が起こり、「ジ」[dʒi]、「ズ」[dzu] という二音にまとめられてしまった。文字からすれば二つの仮名で間に合うので、「二つ仮名」と称している。

さらに、東北方言では、「ジ」→「ズ」もしくは「ズ」→「ジ」という一本化が生じている。した

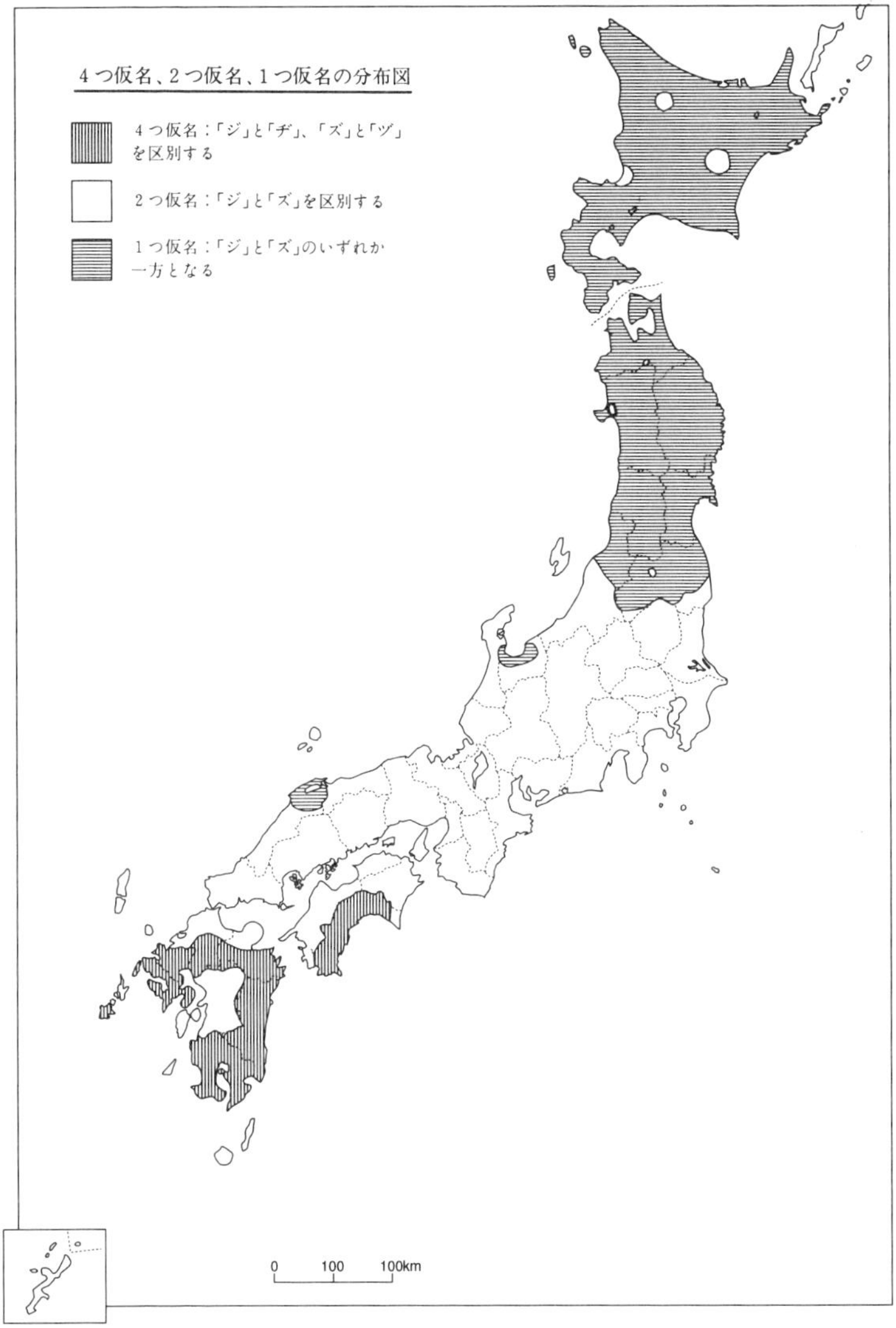
4つ仮名、2つ仮名、1つ仮名の分布図
4つ仮名：「ジ」と「ヂ」、「ズ」と「ヅ」を区別する
2つ仮名：「ジ」と「ズ」を区別する
1つ仮名：「ジ」と「ズ」のいずれか一方となる
0
100
100km

がって、東北弁を話す地帯は「一つ仮名」の地域ということになる。

四つ仮名から二つ仮名へ、さらに一つ仮名へと融合した過程は次のように図示される。

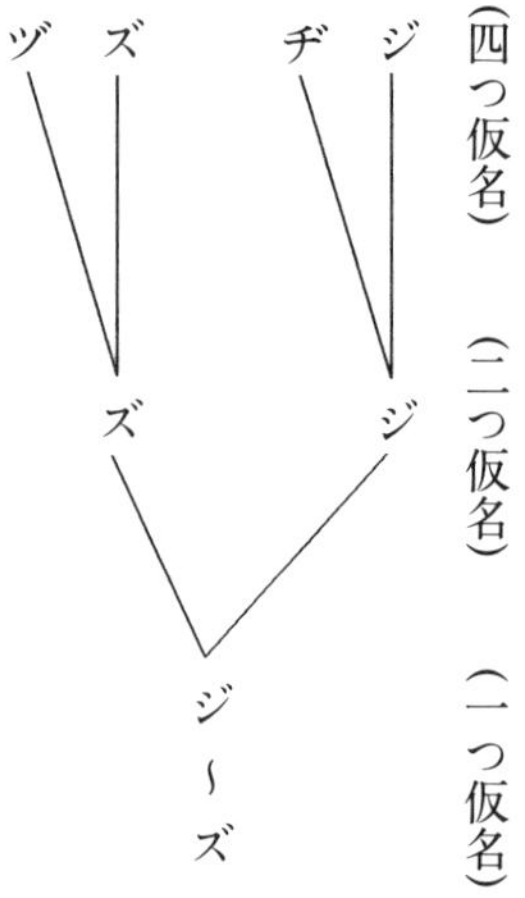

だが、四つ仮名の発音を依然として守っている地域がある。たとえば、九州の宮崎県では、「ジ」[ʒi]、「ヂ」[dʒi]、「ズ」[zu]、「ヅ」[dzu]のように言い分けられている。

「地震」ヂシン[dʒiʃiɴ]、「水」ミヅ[midzu]

「自身」ジシン[ʒiʃiɴ]、「見ず」ミズ[mizu]

四つ仮名の区別は現在長崎県、佐賀県、福岡県西部、宮崎県の大半と鹿児島県それに四国の高知県全域で認められている。こうした四つ仮名の地域こそ九州縄文語の名残りを留めるのではないかと思われる。したがって、九州縄文語の領域は九州全体と四国南部を含んでいた、いやそれよりもさらに広い範囲に及んでいたのかもしれない。

ついでながら、「地震」は九州のほとんどと中国の一部では「ナエ」と呼ばれている。東北地方でも「ナエ」が二、三残っている。奄美諸島と沖縄本島は「ネー」である。「ナエ」と「ネー」も方言周圏論に納まる語形である。

『日本書紀』には「那為」ナヰと書かれている。『方丈記』（一二一六）に次のような記事がある。

「昔、斎衡（八五五）のころとか、大地震《おほなゐ》ふりて、東大寺の仏の御首《みぐし》落ちなど、いみじき事どもはべりけれど、なほこの度には如《し》かずとぞ。」

斎衡の地震も元暦（一一八五）の大地震ほどではなかったと言っている。「驚くほどの地震《なゐ》二三十度ふらぬ日はなし」という有様だった。著者の鴨長明三三歳の時である。これでは世をはかなむのも無理はない。とにかく当時、地震は「なゐ」と呼ばれていた。

3　表日本縄文語

さらに筆者は「表日本縄文語」なるものが設定できるのではないかと考えている。この縄文語は、晩期縄文時代に山陽、近畿、東海の地域を占めていたと思われる。

奈良県南部で話されている十津川方言は方言研究家にとってひとつの謎である。正確に言えば、吉野郡大塔村、十津川村、天川村、上北山村、下北山村からなる地域で、紀伊山脈でも近畿の屋根と呼ばれている山岳により、奈良県北部と隔離された別天地である。この秘境に踏みこむと関東弁の方言圏に迷いこんだような錯覚をおぼえる。周囲はすべて近畿の甲種アクセントに取り囲まれているのに、この「南部方言」だけは東京方言と同じ乙種アクセントが通用しているのである。

	（奈良市）	（十津川方言）	（東京）
「鼻」	ハナ（高高）	ハナ（低高）	ハナ
「花」	ハナ（高低）	ハナ（低高）	ハナ
「箸」	ハシ（低高）	ハシ（高低）	ハシ

「雨」 アメ（低降） アメ（高低） アメ

どうして紀伊半島の深部で東京式アクセントが用いられているのであろうか。この疑問に対し一つの解答が考えられる。

かつて、山陽、近畿、東海にわたる「表日本縄文語」の地帯があったが、縄文末期に弥生語が北九州から侵入してきて近畿地方を占拠したため、表日本縄文語が東の東海方言と西の山陽方言に分断されたという見方である。

（縄文晩期）	山陽	近畿	東海
	縄文A	縄文B	縄文C
←	←	←	←
（弥生中期）	山陽	近畿	東海
	縄文A	弥生	縄文C
	←	←	←
	山陽方言	近畿方言	東海方言

要するに、奈良県南部方言は、いちはやく弥生語化した近畿地方でも、それから取り残された表日本縄文語の末孫ということになる。こう考えると、十津川方言はアクセントに限らず、山陽、東海方言と類似した点が見いだされる。「雨が降っている」という表現の中の「降っている」という述部は、「降りつづいている」という継続と「降ったあとの状態」という結果の意味を含んでいる。こうした継続相と結果相が別な語形で表わされている。

	(広島)	(十津川)	(愛知)
(継続)	降リョール	降リョール	降リョール
(結果)	降ットル	降ットル	降ッチョル

また、東海の名古屋付近と山陽の岡山付近では、連母音の融合が起こっている。

		(名古屋)		(岡山)	
「赤い」	アカイ：	アケァー	[akæ:]	アケァー	[akæ:]
「白い」	シロイ：	シロエー	[ʃirø:]	シレー	[ʃire:]

こうした類似現象も東西で偶然に発生したものではなく、その遠因が共通の基底をなす表日本縄文語に根ざしているのかもしれない。

こうした見方に立てば、縄文晩期の方言は次のように図式化できるのではないだろうか。

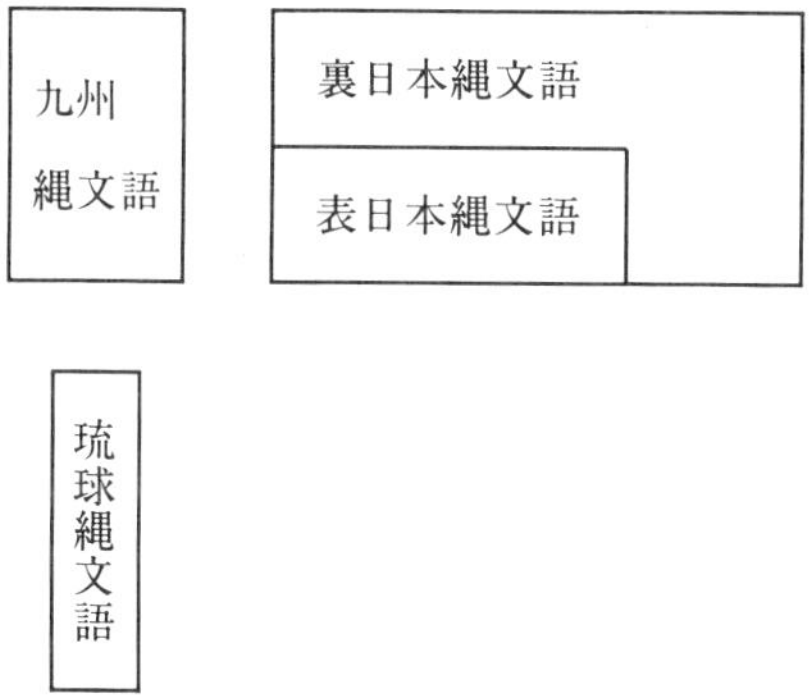

4　前期縄文語

縄文語が原日本語に相当するならば、縄文前期こそ原日本語の黎明期にあたるであろう。この時代に縄文語がどのようにして形成されたかは想像に頼るしかない。このため、北方系の語順、つまり「主語・目的語・述語」という骨組みに南方系の語彙が挿入されたとか、インド南部からあるいはビルマの山間から部族が日本列島に来入してきたとか、さまざまな憶説が飛びかっている。しかし、一万年に及ぶ時間的射程の内で原日本語の構成原理とその成分の由来を明確にすることは不可能に近い作業に思える。

ただ一つ確実ではないかと考えられることは、一万二千年前の氷河期が終わった時点で、人類学者が言うように、南方のスンダランドに住んでいた原アジア人が北上してきて日本列島へ移住したという仮説が正しければ、スンダランドで交流していた南方系民族の言語要素が持ちこまれたことは不思議ではない。この観点から、大野氏の主張するタミル語との類似性や安本氏が算定したビルマ系、カンボジア系、インドネシア系の語彙それに村山氏、川本氏、崎山氏らが主張するオーストロネシア系の単語と日本語との近似性を否定することはできない。また、弥生期に入り二千年前に北九州方面に来入した渡来人により中国語的語彙が日本語に注入されたこともうなずける。

なお、スンダランドから日本列島へ渡ってきた諸種の言語を話す部族の中にアイヌ人も混じっていたと考えられる。ここにアイヌ人の南方起源説の根拠がある。アイヌ人は列島を北上し北海道の一隅で他の部族とは隔離した状態で生活をつづけてきたのではないだろうか。そして、いくつかの他の不明な異種言語は、互いに競合する内に傑出してきた原縄文語に吸収融和してしまったのではないだろうか。

筆者はここまで方言形の中から古い特徴を拾い集めて、祖形を再構成する「地域言語学」(Areal linguistics) の手法によって考察してきた。いままでの系統論は、アジアの各地から素材をもちこんできて天井だけを組み立てる作業に追われ、土台から支えとなる柱の数も位置さえもまったく見当がついていなかった。本書は日本語の方言の中から縄文語の土台を掘りだし、その上に柱を組み立てるというように、下から積み上げる形で復元に努めてきた。

5　結論

最後にここまで追究してきた過程を次のようにまとめて結論としたい。

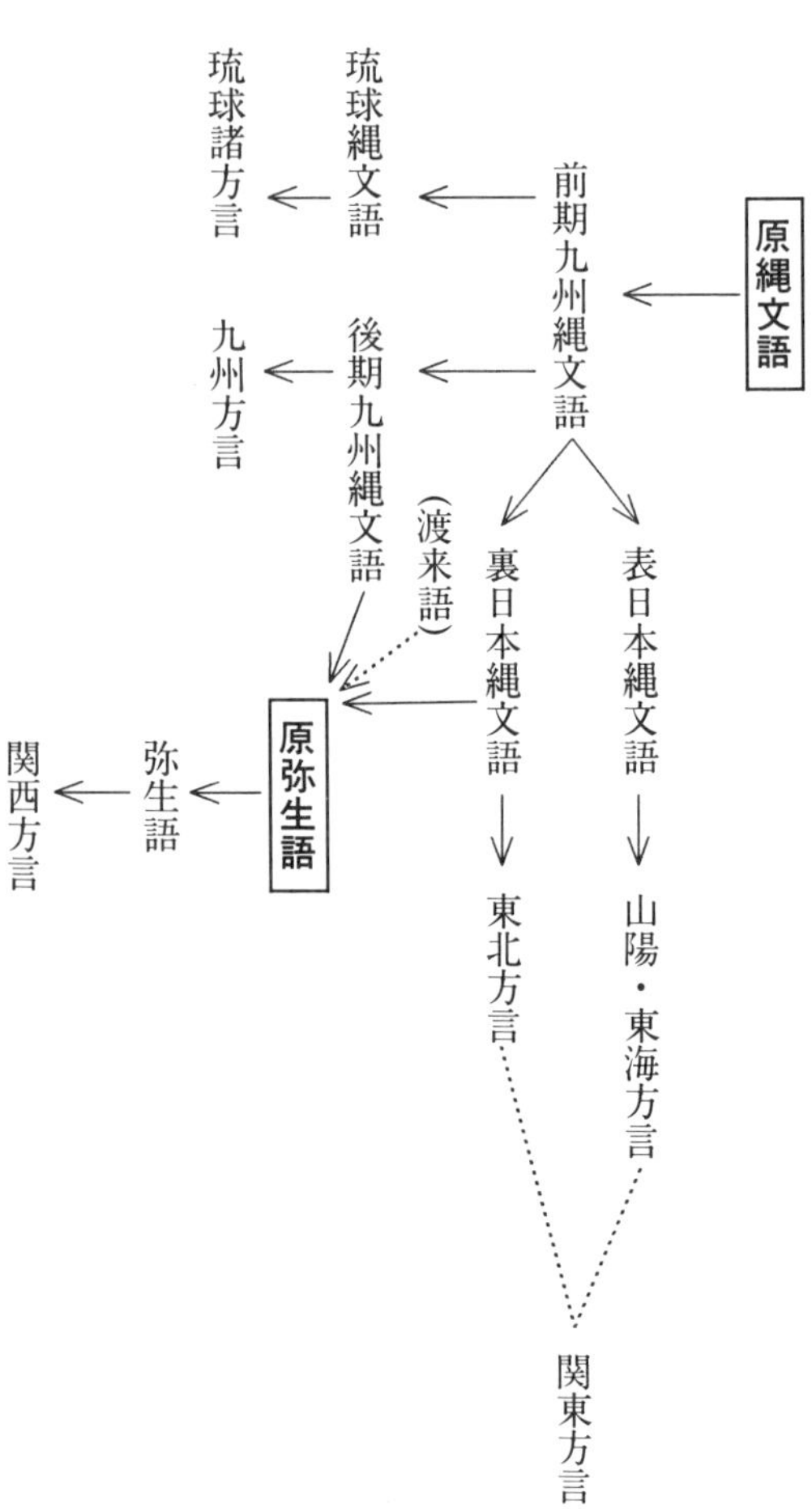

右図の中の点線は影響力を示している。日本列島では太古の昔、前期九州縄文語から表日本縄文語と裏日本縄文語が分派し、さらに琉球縄文語が分離したと考えられる。

やがて表日本縄文語の子孫が山陽・東海方言となり、裏日本縄文語の方は末裔の東北方言とつながっている。また、前期九州縄文語から別れた琉球縄文語から琉球諸方言が生み出されるに至った。

紀元前後には、前期九州縄文語を受け継いだ後期九州縄文語と裏日本縄文語に渡来語が作用して弥生語が形成された。この弥生語の直流の資格をもつのが関西方言である。他方、裏日本縄文語に表日本縄文語が働きかけて関東方言が作り上げられたようである。以上が縄文期から現代に及ぶ日本語成育の足取りであると推考する。

日本語の方言に比較方法を適用するにあたり、上村幸雄氏の「琉球列島の言語」（総説）（一九九七）における解説に気になる箇所がある。

「本土の日本語と琉球列島の琉球語とは、その相互理解が不可能なほど大きく違ってはいても、詳細な比較を行なうと、その類似性は大きく、基本語彙のほとんどを含むきわめて大量の語彙に、規則的音韻対応がみられることから推して、琉球語祖語、すなわち、今日の琉球語諸方言を分岐発展させるにいたったもとの言語が、九州経由で南下して、琉球列島のいずれかの島、おそらく、はじめは奄美諸島にいたった時期が、縄文時代にまで遡る可能性は小さいと推定される。」

つまり、本土と琉球諸語の間に規則的音声対応を示す単語があまり多いから相互に分裂した時期は弥生期であって、縄文期には及ばないと言うのである。この考え方は取り越し苦労のようなもので、そのように推測する必要はないと思う。

たとえば、チュルク系言語の場合を参照してみよう。チュルク諸語は西のトルコ共和国から東シベリアのヤクート自治共和国に至る七千キロの範囲に広がっているが、ボルガ川沿岸に位置するチュワッシュ語を除いて、語形がきわめてよく似ている。

「馬」：トルコ at、ウイグル at、カザフ at、ヤクート at　基語形　*at アトゥ
「頭」：トルコ baʃ、キルギス baʃ、カザフ bas、ヤクート bas、ハカス pas　基語形　*baʃ バシュ

チュルク諸語の基語はいわゆる「匈奴」もしくは「フン」の祖先たちの言語に相当するのではないかと考えられているが、比較言語学的手法によって再構成が行なわれている。

日本の本土列島が東西に走ること一千五百キロ、琉球列島が南北に延びること一千キロ、東北の青森と琉球の南端八重山の間には二千五百キロの隔たりがある。印欧語のようにヨーロッパとインドという広大な範囲とは比ぶべくもないが、ウラル語では、北欧のフィンランドと西シベリアに住むハンティ族、マンシ族の地域とはやはり二千キロの距離がある。この間に散在するウラル系諸民族の言語を比較することによって、ウラル比較言語学が成立している。

ウラル語における語形の相違はかなり大きいが、それでも類似を読み取ることは容易である。ウラル諸語は異民族の言語に囲まれているだけに摩滅の度合いも激しい。

だから、二千五百キロにわたって分布する日本列島の諸方言は十分に比較研究の対象となろう。一万年に及ぶ縄文時代を通し、他民族の干渉を受けることなく縄文人は比較的平安な生活を営んできたであろう。それだけに相互の語形の類似も著しいのである。したがって、縄文語の基形を抽出することは可能であると思う。いくつかの基本語彙について縄文基語まで尋ねてみよう。

(裏日本縄文語)	秋田	宮城	島根	(基形)
「舟」	フ··ネ [ɸüne̝]	フ··ネ [ɸüne̝]	フ··ネ [ɸüne̝]	*[ɸüne̝] フ··ネ
「年」	トシ· [tosï]	トス· [tosü]	トシ· [tosï]	*[tosï] トシ·
「息」	·エギ·ジ [e̝g^{z}ï]	·エキ· [e̝gï]	イ·キ·シ [ïk^{s}ï]	*[e̝gï] ·エギ·
「木」	キ·シ [k^{s}ï]	キ·ヒ [kçï]	キ·シ [k^{s}ï]	*[k^{s}i] キ·シ
「首」	ク·ンビ· [kü^{m}bï]	ク·ンビ· [kü^{m}bï]	ク·ビ· [kübï]	*[kü^{m}bï] ク·ンビ·
「風」	カンジ·エ [ka^{n}dʒe̝]	カンジ·エ [ka^{n}dʒe̝]	カジエ [kadʒe]	*[ka^{n}dʒe̝] カンジ·エ
「陰」	カゲ· [kaŋe̝]	カゲ· [kaŋe̝]	カゲ· [kage̝]	*[kage̝] カゲ·
(表日本縄文語)	愛知	岡山	十津川	(基形)

「舟」	フネ［Φɯne］	フネ［Φɯne］	フネ［Φɯne］	*［Φɯne］フネ
「年」	トシ［toʃi］	トシ［toʃi］	トシ［toʃi］	*［toʃi］トシ
「息」	イキ［iki］	イキ［iki］	イキ［iki］	*［iki］イキ
「木」	キ［ki］	キ［ki］	キ［ki］	*［ki］キ
「首」	クビ［kubi］	クビ［kubi］	クビ［kubi］	*［kubi］クビ
「風」	カゼ［kaᵈze］	カゼ［kaze］	カゼ［kaᵈze］	*［kaᵈze］カゼ
「陰」	カゲ［kage］	カゲ［kage］	カンゲ［kaᵑge］	*［kaᵑge］カゲ

（琉球縄文語）

	（奄美）名瀬	（与論）茶花	（沖縄）奥武	（宮古）池間
「舟」	フニ·［Φunï］	プニ［puni］	フニ［Φuni］	フニ［funi］
「年」	ト゜ゥシ·［tu̥sï］	トゥシ［tuʃi］	トゥシ［tuʃi］	ト゜ゥシ·［tu̥sï］
「息」	イキ［ʔiki］	イキ［ʔiki］	イキ［ʔiki］	イチ·［itsï］
「木」	キ·［kï］	ヒー［çiː］	キー［kiː］	キー［kiː］
「首」	ックビ［kˀubi］	クビ［kubi］	クビ［kubi］	ヌドゥ［nudu］
「風」	カジェ［kadʒe］	ハゼ［haze］	カジ［kadʒi］	カディ［kadi］
「陰」	カゲ［kage］	ハギ［hagi］	カーギ［kaːgi］	カギ［kagi］

（八重山）鳩間　　　　琉球基形

「舟」フニ　［Φuni］　*［pune］プネ
「年」トゥシ［tuʃi］　*［toʃi］トシ
「息」イキ　［ʔiki］　*［iki］イキ
「木」キー　［kiː］　*［kï］キ·
「首」ヌビ　［nubi］　*［ku^{m}bi］クンビ
「風」カジ　［kadʒi］　*［ka^{n}dʒe］カンジェ
「陰」カー　［kaː］　*［ka^{ŋ}gi］カンギ

琉球基語の「首」「風」「陰」において濁音が鼻音化しているが、こうした現象が中世に認められるという記述（二二七頁）に則っている。

さらに、九州縄文語を考察するにあたり、これから分離したと考えられる琉球基語を参照して両者が合体していた時期の基形を求めることにする。

（九州縄文語）長崎　　　熊本　　　宮崎　　　基形
「船」　フネ［Φune］　フネ［Φune］　フニェ［Φune］　*［pune］プネ

「年」	トシ［toʃi］	トシ［toʃi］	トシ［toʃi］	＊［toʃi］トシ
「息」	イキ［iki］	イキ［iki］	イキ［iki］	＊［iki］イキ
「木」	キ［ki］	キ［ki］	キ［ki］	＊［kï］キ・
「首」	クビ［kubi］	クビ［kubi］	クビ［kubi］	＊［ku^{m}bi］クンビ
「風」	カジェ［kaʒe］	カジェ［kaʒe］	カジェ［kaʒe］	＊［ka^{n}ʒe］カンジェ
「陰」	カゲ［kage］	カゲ［kage］	カゲ［kage］	＊［ka^{ŋ}ge］カンゲ

右に取り出した裏日本縄文語と表日本縄文語、それに琉球縄文語が離脱する以前の九州縄文語の基形をそれぞれ比較して日本縄文語基語の語形を推定することにしよう。

	（裏日本縄文語）	（表日本縄文語）	（九州縄文語）	弥生語	（縄文基形）
「舟」	フ・ネ＊［ɸünẹ］	フネ＊［ɸune］	プネ＊［pune］	フネ［ɸune］	＊［pune］プネ
「年」	トシ・＊［tosï］	トシ＊［toʃi］	トシ＊［toʃi］	トシ［toʃi］	＊［toʃi］トシ
「息」	・エギ・＊［ẹgï］	イキ＊［iki］	イキ＊［iki］	イキ［iki］	＊［igi］イギ
「木」	キ・シ＊［k^{s}ï］	キ＊［ki］	キ・＊［kï］	キ・［kï］	＊［kï］キ・
「首」	ク・ンビ・＊［kü^{m}bï］	クビ＊［kubi］	クンビ＊［ku^{m}bi］	クビ［kubi］	＊［ku^{m}bi］クンビ

「風」　カンジェ＊[ka^{n}dʒe]　カゼ＊[kaze]　カンジェ＊[ka^{n}ʒe]　カゼ[kaze]　＊[ka^{ŋ}ze]カンゼ
「陰」　カゲ＊[kagẹ]　カンゲ＊[ka^{ŋ}ge]　カンゲ＊[ka^{ŋ}ge]　カゲ[kage]　＊[ka^{ŋ}ge]カンゲ

以上は試みとして基形を再構成したものである。「木」は「キシ」[k^{s}ï]であったかもしれない。もとより完全なものではない。

とにかく、弥生時代に弥生語なるものがすべての縄文諸語を一掃しこれと入れ替わったと憶測する必要はない。現在われわれが話している方言を逆に手繰っていけば、縄文基語に達するであろう。弥生語も縄文語の一変種にすぎない。ただ政治的中枢を握った人たちの言語として文化的に優位に立ち、他の方言に強い影響力を及ぼしてきたことは認めなければならない。要するに、日本語は縄文文化と共に始まったと考えてよいと思う。そして、一万年にわたる伝統をもっていることになろう。これは島国という立地条件に負うところが大きい。

だが、縄文基語そのものがどのようにして形づくられたかという問題は依然として太古の霧の中に包まれていて、非力な筆者はこれ以上いばらの森へ足を踏み入れることはできない。

参考文献

有坂秀世（一九五五）『上代音韻攷』三省堂書店
飯豊毅一、日野資純、佐藤亮一編『講座方言学』国書刊行会
『四　北海道、東北地方の方言』（一九八二）
『五　関東地方の方言』（一九八四）
『六　中部地方の方言』（一九八三）
『七　近畿地方の方言』（一九八二）
『八　中国・四国地方の方言』（一九八二）
『九　九州地方の方言』（一九八三）
『十　沖縄・奄美の方言』（一九八四）
池上二良（一九七八）「アルタイ語系統論」（『岩波講座日本語　一二・日本語の系統と歴史』岩波書店
池田次郎（一九八二）『日本人の起源』講談社
石田春昭（一九三四）「出雲方言の音韻史的考察」（『方言』四巻四号）春陽堂
泉井久之助（一九五二）「日本語の系統について（序説）日本語とフィノ・ウグール諸語」『国

語学』八
同　（一九五三）「日本語と南島諸語―系譜的関係か・寄与の関係か」『民族研究』一七巻二号
上村幸雄　（一九七五）「日本語の方言、共通語、標準語」大石初太郎・上村幸雄編『方言と標準語―日本語方言学概説』筑摩書房
同　（一九九七）「琉球列島の言語（総説）」亀井孝・河野一郎・千野栄一編『言語学大辞典セレクション・日本列島の言語』三省堂書店
埴原和郎　（一九九六）『日本人の誕生』吉川弘文館
楳垣　実　（一九六三）「わたしの方言研究」『方言講座』一巻　東京堂
大野　晋　（一九五七）『日本語の起源』岩波書店
同　（一九七四）『日本語をさかのぼる』岩波書店
同　（一九八一）『日本語とタミル語』新潮社〈インド南部のタミル語と日本語との類縁関係が論じられ、巻末にタミル語と日本語の対応語表（三一五語）が掲げられている〉
同　（一九八七）『日本語以前』岩波書店〈アジア西部に日本・タミルの中心があり、一つは東進して日本に着き、他は南進してインド大陸に入りドラビダ族になったと考えている〉
同　（一九九四）『新版日本語の起源』岩波書店〈南インド・日本・朝鮮の三角関係を論じている〉
王　力　（一九五六）『漢語音韻學』中華書局

長田夏樹（一九七九）『邪馬台国の言語』学生社
小沢重男（一九七八）『モンゴル語と日本語』弘文堂
同（一九七九）『日本語の故郷を探る』講談社
金沢庄三郎（一九一〇）『日韓両国語同系論』三省堂書店
同（一九二九）『日鮮同祖論』刀江書院
川本崇雄（一九七八）『南から来た日本語』三省堂書店〈縄文末期アルタイ語的言語の上に南島語族の言語が入ってきて混和したと考えている。付録に分類別の語彙対応表がついている〉
同（一九八〇）『日本語の源流—南島語起源論』講談社
金田一京助（一九三八）『国語史系統篇』（一九六三 復刻）刀江書房〈戦前の系統論を紹介し、これらを批判している。日本語が母音調和の観点からアルタイ語の系統に属する可能性が高いとしている〉
金田一春彦（一九七四）『国語アクセントの史的研究』塙書房
金 思燁（一九七四）『古代朝鮮語と日本語』講談社〈一二七〇あまりの語について日本語と朝鮮語の語彙対応資料がある。神名の解釈がほどこされている〉
小泉 保（一九八七）「日本語系統論の足跡」（『月刊言語』一六巻七号・別冊『日本語の古層』）
同（一九九四）「方言周圏論による日本語の内的再構」（『日本語論』2巻11号）山本書房

国立国語研究所　（一九五九）『日本方言の記述的研究』　明治書院
同　（一九六七〜七四）『日本言語地図』　一巻〜六巻　大蔵省印刷局
小林達男　（一九九六）『縄文人の世界』　朝日新聞社
崎山　理　（一九七八）「南島諸語との系統的関係」（『岩波講座日本語　一二・日本語の系統と歴史』）　岩波書店
白鳥庫吉　（一八九八）「日本語の古語と朝鮮語との比較」（『国学院雑誌』四巻一二号、『白鳥庫吉全集　三』に所収　一九七〇　岩波書店）
同　（一九〇九）「日・韓・アイヌ三国語の数詞について」（『史学雑誌』二〇篇一―三号、『白鳥庫吉全集　二』に所収　一九七〇　岩波書店）
潮見　浩編　（一九八〇）『探訪縄文の遺蹟　西日本編』　有斐閣
「縄文社会と土器」（一九九四）『考古学』四八号の特集　雄山閣出版
新村　出　（一九一一）「国語系統の問題」（『太陽』一七巻一号、大野晋編『日本語の系統』・『現代のエスプリ別冊』に所収　至文堂）
高橋　崇　（一九八六）『蝦夷（えみし）』　中央公論社
多和田真一郎　（一九九七）『外国資料を中心とする沖縄語の音声・音韻に関する歴史的研究』　武蔵野書房
藤堂明保　（一九五七）『中國音韻論』　江南書院
董　同龢　（一九五五）『中國語音史』　中華文化出版事業社
東条操先生古稀記念会編　（一九五六）『日本方言地図』　吉川弘文館

戸沢充則編（一九八〇）『探訪縄文の遺蹟　東日本編』有斐閣
中本正智（一九八一）『図説琉球語辞典』力富書房
同（一九九〇）『日本列島言語史の研究』大修館書店
同（一九九二）『日本語の系譜』青土社〈高文化の言語が低文化の言語に影響を与えるという見方に立っている〉
西田竜雄（一九七八）「チベット・ビルマ語と日本語」（『岩波講座日本語　一二・日本語の系統と歴史』岩波書店）
『日本語の歴史』（一九六三）一巻、二巻、三巻　平凡社
日本方言学会編（一九三三）『国語アクセントの話』春陽堂書店
パーカー・C・A（一九四一）『日本・西蔵・緬甸同系論』東亜同文書院支那研究部
服部四郎（一九三一〜三二）「国語諸方言のアクセント概観　一〜六」（『方言』一巻二、三、四号、二巻一、四号、三巻六号）
同（一九三二）「『琉球語』と『国語』との音韻規則　一〜四」（『方言』二巻七、八、一〇、一二号）
同（一九三三）『アクセントと方言』（国語科学講座）
同（一九三七）「原始日本語の二音節名詞のアクセント」（『方言』七巻六号）
同（一九三七）「琉球語管見」（『方言』七巻一〇号）
同（一九五九）『日本語の系統』岩波書店〈北九州に発生した邪馬台国の言語が東進して畿内を征服し、日本祖語となったと想定している。言語年代学によって琉球語が日本

語から分離した時期をいまから一、四一七年と計算している〉
同　（一九七六）「上代日本語の母音体系と母音調和」（『月刊言語』五巻六号）
同　（一九七八～九）「日本祖語について　一～二二」（『月刊言語』七巻一号～八巻一二号）
樋口隆康　（一九九三）『日本人はどこから来たか』講談社
平山輝男　（一九五七）『日本語音調の研究』明治書院
同　（一九六一）『琉球方言の総合的研究』明治書院
平山輝男編　（一九八三）『全国方言辞典　一・県別方言の特色』角川書店
同　（一九九二）『現代日本語方言大辞典』明治書院
平山輝男・大島一郎編　（一九七五）『現代日本語の音声と方言』汐文社
福田昆之　（一九八二）『日本アルタイ比較文法序説』FLL
藤岡勝二　（一九〇八）「日本語の位置」（『国学院雑誌』一四巻八号、日本語の系統を考える会編（一九八五）『日本語の系統・基本論文集　一』和泉書院）
藤原　明　（一九八一）『日本語はどこから来たか』講談社
ポリワーノフ・E・D　（一九一四）「日本語・琉球語音声比較概観」（村山四郎訳（一九八五）『日本語の系統・基本論文集　一』和泉書院）
松本克巳　（一九七六）「日本語の母音組織」（『月刊言語』五巻六号）
同　（一九九四）「日本語の系統論の見直し―マクロの歴史言語学からの提言」（『日本語論』二巻一一号）

ミラー・R・A　（一九八二）『日本語の起源』（村山七郎他訳）　筑摩書房
村山七郎　（一九七四）『日本語の起源』　弘文堂
同　（一九七八）『日本語系統の探求』　大修館書店
同　（一九七九）『日本語の誕生』　筑摩書房〈縄文時代に話されていた南島系言語の要素を弥生初期に渡来したアルタイ・ツングース的言語が吸収して日本祖語を形成したと主張している〉
同　（一九八一）『琉球語の秘密』　筑摩書房
同　（一九八一）『日本語の起源をめぐる論争』　三一書房
同　（一九八二）『日本語・タミル語起源説批判』　三一書房
同　（一九八八）『日本語の起源と語源』　三一書房
同　（一九九二）『アイヌ語の起源』　三一書房〈アイヌ語と南方諸言語との関連を論じている〉
安本美典・本多正久　（一九七八）『日本語の誕生』　大修館書店〈日本語・朝鮮語・アイヌ語の母胎となる「古極東アジア語」へインドネシア・カンボジア方面から、次いでビルマ系言語、さらに中国語系の言語が流入して日本語が誕生したと考えている。語彙統計学の立場から各種言語間での類似率を算定し、巻末には諸言語の基礎語彙の対照表がついている〉
安本美典　（一九七八）『日本語の成立』　講談社
同　（一九八五）『日本語の起源を探る』　ＰＨＰ研究所

同　　（一九九一）『日本人と日本語の起源』毎日新聞社

Andronov, M. S. (1969) *The Kannada Language.* Moscow, Nauka.

同　　(1970) *Dravidian Languages.* Moscow, Nauka.

Андронов, М. С. (1987) Грамматика тамильского языка. Москва, Наука.

Aston, W. G. (1879) "A Comparative Study of the Japanese and Korean Languages" *The Journal of the Royal Asiatic Society of Great Britain and Ireland. new series, Vol. III, Part XI.*

Cadwell, R. (1913) *A comparative grammar of the Dravidian or South Indian Family of Language.* (Reprint 1974) London, Kegan Paul.

Chamberlain, B. H. (1896) "Essay in Aid of a Grammar and Dictionary of the Luchuan Language" *Transaction of the Asiatic Society of Japan, Vol XXIII Supplement.*

Labberton, D. van Hinloopen (1925) "The Oceanic Languages and the Nipponese as Branches of the Nippon-Malay-Polynesian Family of Speech", *Transaction of the Asiatic Society of Japan, second series, Vol. 2.*

Matsumoto, Nobuhiro (1928) *Le Japonais et les langues austroasiatiques.* Paris.

Серевренников, Б. А. иН. З. Гаджиева (1986) Сравнительно-историческая грамматика тюркских языков. Москва, Наука.

あとがき

「ミイラ取りがミイラになる」というたとえがあるが、筆者はまさにミイラになったミイラ取りである。今から二十年ほど前、日本語の起源について白熱した論議が取り交わされた時期があった。当時、大修館書店におられた山本茂男氏から、日本語の系統に関する諸説を論評してくれるよう依頼を受けた。その頃筆者には日本語の来歴について自説というものがなかったので、案外客観的に諸説を批評できるのではないかと思い引き受けてしまった。ところが、各種の系統論を扱っているうちに、おのずと独自の見解らしいものが出来上がってきた。

戦後五十年の間に、日本の考古学は縄文文化の雄大な輪郭を掘出しつづけてきた。だが、縄文時代の言語については言語学者も国語学者も口をつぐんだままであった。怠慢と言われても仕方がない。それは、奈良時代の言語の母親筋にあたる弥生語が現代日本語の祖先であるという仮説に縛られていたからである。そして、弥生語以前には素性の分からない多様な言語が話されていたが、弥生語によって統一されたと思いこんでいたのである。それは戦前の考古学が縄文時代を無視していた態度と共通している。このため、日本の周辺で用いられているいずれかの言語と弥生語とを関係づけようとするいくつかの系統説が主張され、相互に論争を繰り返しながら決着を見ないまま現在に及んでいる。

とにかく、異質の縄文諸語が今から二千年ほど前に弥生語によって制圧されて、消滅してしまったという見方はおおよそ歴史的に現実性の乏しい憶説である。この呪縛から解放されたとき、今われわれが話していることばの祖先である縄文語の姿が見えてくると考えている。ただし、言語の系統を解明する際、考古学や人類学の成果を尊重し、これを裏付けとして考慮する必要がある。

本書は、日本語以外の言語に日本語の起源を求めようとする従来の系統論とは違い、日本語の諸方言に比較言語学と地域言語学の手法を使って具体的に縄文語を再現しようと試みるものである。比較方法をもってすれば、今から三千年ほど前、すなわち、縄文晩期の言語を復元することはさほど困難なことではない。もちろん、ひとつの試論であるから、各方面からの叱正をいただきたいと願っている。だが、日本語の史的実相をいささかでも解明していると認めてくだされば筆者の意図はかなえられたことになる。

なお、服部四郎氏（一九三七）は「アクセントと方言」の注の中で、「発表したくないのであるが、誰もさう云ふことを考へずに今後幾年もたつ事は残念であるから」とことわってから、四国方面より近畿地方への甲種方言を話す民族の移動があり、本州にはすでに乙種方言が成立していて、甲種方言の割り込みにより中国と東国に切断され、その破片を十津川の山岳地方に残したのではないかと付記している。これは拙論における表日本縄文語の設定にかかわる考え方である。すでに本書が初校を終えた段階で、この重要な見解を見落していたことに気づいたので、ここに紹介しておく。

本書は、山本茂男氏の熱心な慫慂に応えるもので、胸中にはぐくまれた日本語の祖形を再構成する方式を発表する機会が与えられたことに深く感謝している。

思えば、本書執筆の発端は『月刊日本語論』(一九九四年一一月号・山本書房刊)に発表した「方言周圏論による原日本語の内的再構」にあった。この拙論において「トンボ」の方言形を通しその原形を求める作業を行なった結果として、縄文語が東北方言に継承されているに相違ないと信じるようになった。この考え方に基づいて、さらに構想を全国的に拡大し、比較実証の方法を精密化することにより、本書にまとめられたような結論に達した次第である。さらに、青土社の清水康雄氏がこころよく本書の出版を引き受けてくださったことに心からの謝意を表明する次第である。

一九九七年　霜月

小泉　保

新装版に寄せて

三浦 佑之

わたしは古事記の神話を研究しているが、そこに語られている神話は、当然のこととしてそれらが語り継がれていた時代の日本列島のありようを、濃淡はあるが映し出していると考えている。それゆえに興味深く思うのは、古事記の神話が、垂直的な世界観をもつ北方系の神話と水平的な世界観をもつ南方系の神話とを組み合わせていることである。前者は、天孫降臨神話がその代表で、朝鮮半島を経由して入ってきたと考えられる弥生系の人びと（その象徴的な存在が天皇氏を中心とする集団）によって持ち込まれたらしい。

一方、南方系の神話には、稲羽のシロウサギや海幸・山幸の神話、オホナムヂの根の堅州の国訪問神話などがあり、それらは、日本列島の古層に存したマレー半島やインドネシア・メラネシアなど南アジアの島々に起源をもつ神話であったと考えられるのである。古事記を読むと、出雲から高志《こし》へと広がる日本海文化圏のなかに、さまざまなかたちで古層の神話や文化が潜んでいるということもわかってくる。

そうした立場で古事記の神話を読むわたしにとって、本書『縄文語の発見』に示された日本語の起源論は、示唆的な論述に満ち満ちている。いわく、「広大なスンダランドの旧石器人たちは過剰な人口を調節するため、移動を開始し集団をなして拡散することとなった」（三七頁）、「日本では南モンゴロイド系を基盤とする縄文人の居住地に紀元前三〇〇〇年ごろ北モンゴロイド系の渡来民が西方から移住してきて、関西地方まで食い込んできた」（五九頁）、「その人たち（縄文人―三浦、注）の言語が、二千年ほど前に外来者によって突如一変させられたとは到底考えられない」（一二四頁）、「弥生語が縄文語を制圧したという憶説は、いまもなお日本語の歴史を考究する際の大きな障害になっている」（一三二頁）、「かつて日本海沿岸は北の津軽から西の出雲に至るまで東北弁が話されていたのではないかと推測される」（一六八頁）、などなど。

日本列島では、「南方系民族の言語要素」に基づく縄文語がずっと使われており（一五八頁）、弥生語というのは「二千年前に渡来人の勢力下で変形され」たことばに過ぎず（一三五頁）、両者はまったく別の言語というわけではない、というのが著者の基本的な認識である。そうした立場に立つ著者は、まるでわたしの古事記神話論を補強しようとしてか、出雲の言語について次のように指摘する。「文化英雄オオクニヌシと祖神スサノヲを尊崇する誇り高い出雲族は、外来の天孫族に降伏しても天孫族の弥生語に同化することをいさぎよしとせず、本来の東北系縄文語を固守してきたのではないだろうか」（一七四頁）と。もちろん時系列としては逆なわけで、わたしが小泉説を補強しているとは言ったほうが正しいのだが。

というふうに、本書に示された日本語成立の仮説と、基層的な南方系神話に新しい北方系神話がかぶさったと考えるわたしの古事記神話論とは、怖いほど似通っているのである。真実を突いた見解ゆえに似ているのか、共倒れする僻説か、その判断は、そう遠くはない将来に下されるだろう。なぜなら、ミトコンドリアＤＮＡなどの遺伝子情報をもとにした最新の研究成果を覗き見ると、南方から移動した人びとが日本列島の基層に存在したというのは、ほぼ証明されたとみてよいと思われるのだから。

二〇一三年　四月

追い書き

この文章を書いてすでに八年も経っていたとは驚きだが、品切れになっていた本書『縄文語の発見』が復刊されるというのはまことに愛でたい。そこで経過した八年を踏まえて何か、という依頼に応えて拙い一文を。

まず一つは、遺伝子研究のこと。前稿の最後のところでミトコンドリアＤＮＡ研究についてふれたが、その後の遺伝子研究の進展はめざましい。すでに時代は核ＤＮＡ分析に入っており、もたらされる情報量は飛躍的にふえた。その結果、この列島に入ってきた人びとの移動ルートまで解明されつつある状況だ。そして最近の核ＤＮＡ研究によれば、現在の日本列島人のなかには、平均一〇〜二〇パーセントの割合で縄文人の遺伝子が伝えられていることもわかってきた。それとともに、縄文人と呼ばれる人びとが必ずしも均質的ではなく、時代的・地域的な偏差をもつさまざまな集団があることもわかってきた。われわれは、そうした多様な人びとを便宜的に縄文人と呼んでいるに過ぎないらしい。

北方経由で日本列島に入ってきた人も、朝鮮半島を南下してきた人も、南のほうから舟でたどり着いた人もいて、何波にもわたる移動の積み重なりがあり（海部陽介『日本人はどこから来たのか？』）、その長い時間の果てに、島国ゆえの陸封化によって独特の文化をもつ縄文人は形成されていったとみられる。そうした研究を踏まえ、縄文から弥生へという従来の「二重構造モデル」を修正し、両者のあいだに、渤海から黄海にかけての沿岸地域に居住した「海の民」が入ってきたとみる見解も提示されている（斎藤成也『核ＤＮＡ解析でたどる　日本人の源流』）。

わたしにとって「海の民」の介在はきわめて興味深いのだが、いずれにしても、小泉保氏によって示された縄文語の問題は、日本語の起源を考える上で今まで以上に重要性をもつのではないかと思う。われわれ現代人のなかに縄文人の遺伝子が一〇〜二〇パーセントの割合で保たれているとすれば、その言語にもまた同じような割合で縄文語が残留していると考えてもいっこうに不都合ではないからである。

それからもう一つ、わたし自身の仕事からみて興味深いことがらがある。それは、出雲（島根）方言と東北方言との関係を、小泉氏が日本海沿岸諸地域の繋がりのなかで論じているところである（本文、一七一〜七六頁あたり）。

縄文晩期の日本海沿岸には、島根・鳥取から兵庫・京都、そして福井・石川・富山・山形に至る、縄文語A〜Iの方言が使われていた。ところが、「弥生期に入り大和政権が琵琶湖を北上して若狭に進出したため、京都と兵庫が弥生化し、福井、石川、鳥取の一部がその影響を受けること」になり、弥生後期には、島根県と鳥取県（の一部）と福井以東の日本海沿岸地域に同一系統の縄文方言が遺される。それが徐々に弥生化することで、縄文A（島根）と縄文I（山形）というもっとも離れた地域の言葉に、同一の縄文方言（ズーズー弁）が残存したのではないかというのが小泉氏の想定である。ここで論じられている問題は、よく知られた松本清張の名作『砂の器』（一九六一年）において、東北訛りの「カメダ」という語を軸にして展開される謎解きを思い出せば理解しやすいはずだ。

最近、わたしの関心は北九州から東北に至る日本海沿岸地域の古代に向けられているのだが、そのあたりのことを考えていて気づいたのは、旧国名でいうと、若狭から丹後・但馬にかけての地域、ことに若狭にみられる緩衝地的な役割である。いや、緩衝地というよりは東と西とを分断するための「打楔地《だけつ》」と言ったほうが適切だろう。それは、小泉氏の説明を借りると、弥生的な大和政権（ヤマト王権）の北上という問題になる。

ヤマト王権は、近江を経て若狭に入り込むことによって、それ以前には海を介して繋がっていた日本海側を分断したのである。それが律令制下に確定される山陰道と北陸道の起源だとみてよい。ヤマトにとっては目障りな日本海ベルトを分断することによって、中央集権国家「ヤマト／日本」が誕生するという構図である。わたしにとっては、そのようなところに想像を飛躍させてくれるという点で、『縄文語の発見』はこれからも魅力的な書物であり続けるだろう。

二〇二一年四月一日

小泉 保（こいずみ・たもつ）
1926年静岡県生まれ。2009年死去。東京大学文学部言語学科卒業。文学博士。大阪外国語大学教授、関西外国語大学国際言語学部長、同名誉教授を歴任。日本言語学会会長（1988-91年）、日本音声学会会長（1995-98年）。ウラル語諸語について比較言語学による分析を行なうとともに、一般音声学、音韻論、語用論に関する理論の研究とその応用を手掛ける。また従来の日本語系統論を批判し、日本語の諸方言に比較言語学の手法を適用して、日本語の祖先に相当する縄文語の再構に取り組むなどの業績がある。主著：『日本語の正書法』（大修館書店、1978）、『言外の言語学』（三省堂書店、1990）、『ウラル語系統論』（大学書林、1994）、『音声学入門』（大学書林、1996）『カレワラ神話と日本神話』（ＮＨＫブックス、1999）『現代日本語文典 21世紀の文法』（大学書林、2008）など。訳書：『カレワラ フィンランド叙事詩』（岩波文庫、2000）など。

縄文語の発見　新版

二〇二一年五月一〇日　第一刷発行
二〇二一年一〇月一〇日　第二刷発行

著者――小泉 保

発行者――清水一人
発行所――青土社
東京都千代田区神田神保町一―二九　市瀬ビル　〒一〇一―〇〇五一
［電話］〇三―三二九一―九八三一（編集）〇三―三二九四―七八二九（営業）
［振替］〇〇一九〇―七―一九二九五五

印刷・製本所――ディグ

装幀――大倉真一郎

ISBN978-4-7917-7383-1　Printed in Japan